Wilfried Ehrmann

Vierzig Tore der Weisheit

Ein Kurs zur inneren Selbstfindung in vierzig Tagen

Meditationstexte, Erläuterungen und Übungen

Inspiriert von der Mystik des Sufismus

Erweitert in die Sphäre globaler Weisheit

1. Auflage 2015
Autor: Wilfried Ehrmann
Umschlaggestaltung: Wilfried Ehrmann
Umschlaggrafik:©rchicano/fotolia
Inhaltsgrafiken: ©bahadirozbey/fotolia, ©NH7/fotolia, ©Seamartini Graphics/fotolia
Printed in Germany

Verlag: tao.de in J. Kamphausen Mediengruppe GmbH, Bielefeld
www.tao.de, eMail: info@tao.de

Bibliografische Information der Deutschen Nationalbibliothek:
Die Deutsche Nationalbibliothek verzeichnet diese Publikation in der
Deutschen Nationalbibliografie;
detaillierte bibliografische Daten sind im Internet über http://dnb.d-nb.de abrufbar.

ISBN: 978-3-95802-465-6 (Paperback)
ISBN: 978-3-95802-466-3 (Hardcover)
ISBN: 978-3-95802-467-0 (e-Book)

Inhaltsverzeichnis

Einleitung

Die Texte dieses Buches sind so geschrieben, dass Sie sie als Leser oder Leserin auch zu sich selber sprechen können, deshalb wird die vertrauliche Anrede mit „Du“ gewählt. Im weiteren Text verzichte ich zugunsten der Lesbarkeit auf die gendergerechten Doppelformulierungen; wann immer von Männern die Rede ist, sind die Frauen mit gemeint und umgekehrt.

Vierzig Tore und vierzig Tage

Der Zeitraum von vierzig Tagen hat in den Traditionen der großen Weltreligionen (Christentum, Judentum, Hinduismus, Islam) eine besondere Bedeutung für die innere Reinigung und Läuterung. Im Judentum gelten vierzig Tage von alters her als die Zeit für Trauer und Reinigung. Moses verbringt vierzig Tage auf dem Berg Sinai und Jesus bleibt ebenso lange in der Wüste. Muhammad wartet vierzig Tage, bis ihm die erste Sure des Korans geoffenbart wurde. Die Fastenzeit der Katholiken dauert vierzig Tage. Die starke Symbolkraft dieser Zeitspanne können wir auch in unserer Zeit für die innere Besinnung und die Vorbereitung auf einen Neuanfang nutzen.

Das Buch möchte als Hilfe dienen, die besondere Kraft dieses Zeitraums an die Lebensbedingungen im 21. Jahrhundert anzupassen. Wir müssen nicht mehr in die Wüste gehen oder auf einen einsamen Berg, um uns zu reinigen und zu läutern. Wir können unsere spirituelle Erweiterung und Vertiefung in die Alltagspraxis der modernen Zeit einbinden.

Und das ist gerade die Herausforderung für unsere Lebensweise. Wenn es uns gelingt, unser tagtägliches Tun mit Weisheit zu durchdringen, dann tragen wir den Schlüssel zum erfüllten und glücklichen Leben jederzeit bei uns und gehen achtsamer mit unseren Mitmenschen und unserer Mitwelt um.

Die Globalität der Weisheit

Meine innere Sinnfindung hat mich über den Bereich meiner angestammten Religion hinausgeführt. Mehr und mehr kann ich erkennen, dass sich alle Religionen um einen Kern bemühen, der allen gemeinsam ist, den alle Menschen verstehen können und der deshalb für eine weltverbindende Weisheit geeignet ist. Insbesondere die mystischen Strömungen der jeweiligen Traditionen zeigen starke Ähnlichkeiten in den Grundaussagen und Grunderfahrungen. Es scheint, dass darin die Gemeinsamkeit für eine globale Weisheit liegt, die alle Menschen verbindet.

Ich habe darum die Texte weitgehend von theologischen Vorannahmen einer bestimmten Richtung gelöst. Denn dieses Buch richtet sich an den Leser und die Leserin einer aufgeklärten modernen und postmodernen Welt, in der die Vielfalt der Glaubenstraditionen ebenso präsent ist wie die Orientierung an der menschlichen Vernunft und am wissenschaftlichen Denken.

Aus diesem Grund wird in diesem Buch z.B. der Begriff „Gott“ fast nie verwendet, weil es nach meiner Auffassung für die weise und achtsame Lebensführung nicht ausschlaggebend ist, ob jemand an Gott glaubt oder nicht, ob jemand diesen Begriff verwendet oder nicht. Nach meiner Erfahrung entwickelt jeder Mensch seine eigene Begrifflichkeit von den „letzten Dingen“, die hier geachtet und respektiert wird. Jede Leserin kann folglich die Worte und Begriffe, die ihr persönlich wichtig und bedeutungsvoll sind, bei der Lektüre des Buches mitdenken oder mitschwingen lassen.

Um dem Weg dieses Buches zu folgen, ist es weder ein Erfordernis noch ein Hindernis, einer bestimmten Religion anzugehören. Das Buch überlässt solche Fragen dem Leser. Das einzige, was du für das Abenteuer brauchst, das vor dir liegt, ist der Wunsch, innen zu wachsen und der Wahrheit näher zu kommen. Das ist der Weg der Mystik.

Geschichte und Hintergrund dieses Buches

Die Anregung zu diesem Buch erhielt ich bei der Lektüre des Romans „Vierzig Geheimnisse der Liebe“ (im englischen Original: „*Forty Rules of Love*)“ der türkisch-amerikanischen Schriftstellerin Elif Shafak. Der Roman handelt von Dschalal ad-Din Rumi, dem Dichter und Mystiker, und von seinem Lehrer Shams von Tabriz. Ihre tiefgreifende Begegnung soll vierzig Tage und Nächte gedauert haben. Nach dem Verschwinden von Shams soll Rumi nach wiederum vierzig Tagen begonnen haben, seine berühmten Gedichte zu schreiben, die eine der Grundquellen der mystischen Lehren des Sufismus bilden.

Zur Spiritualität

Dieses Buch ist ein spirituelles Lehr- und Übungsbuch. Es dient dazu, Einsichten und Wahrheiten so zu vermitteln, dass sie die eigene Innerlichkeit klären und bereichern und zu einer gelasseneren und achtsameren Lebenspraxis beitragen. Zwar von den Lehren des Sufismus beeinflusst und inspiriert, ist es kein Buch über den Sufismus, dem ich gleichwohl viel für meine Suche nach der Weisheit verdanke. Die Texte sind, wie schon erwähnt, an keine bestimmte Tradition gebunden, sie vertragen sich jedoch mit dem inneren Kern vieler mystischer Strömungen.

Anregungen zur Verwendung der Texte

Nimm die Texte zuerst so, als würde eine Lehrerin zu dir sprechen. Höre den Texten zu, auch wenn du sie dir vorliest, und lass sie wirken, bevor du deinem Verstand erlaubst, sich seine eigenen Meinungen auszudenken und eigene Gedankengänge zu bilden. Nachdem du deine innere und persönliche Resonanz wahrgenommen hast, kann es hilfreich sein, dass du deine Reflexionen notierst oder mit anderen austauschst.

Die Themen können in vierzig aufeinanderfolgenden Tagen behandelt werden oder auch in jeder anderen Form. Wenn du mit diesem Buch arbeiten willst, triff eine klare Entscheidung. Wenn du die vierzig Schritte in einem durchwandern willst, ist es gut. Die klare Struktur wird dir helfen. Wenn das Gefühl sagt, dass ein Thema mehr Zeit braucht, ist es auch gut. Wenn das praktische Leben erfordert, dass der Prozess für eine Zeit unterbrochen werden muss, ist es gut. Natürlich ist dein persönlicher Gewinn am höchsten, wenn du allen vierzig Themen eine ausreichende Zeit widmest.

Du kannst deine Entscheidung gut damit unterstützen, dass du dir einen Zeitplan erstellst und Zeiten in deinen Kalender einträgst, an denen du an den vierzig Schritten arbeiten möchtest. Die Empfehlung ist, dass du dir für vierzig hintereinanderliegende Tage Termine einträgst, an denen du dir für die Texte und Übungen Zeit nimmst, es kann aber auch sein, dass du siehst, dass es sich an einzelnen Tagen nicht gut ausgehen wird, sodass du den Prozess für kurze Zeit unterbrichst.

Du kannst dir vor Beginn des Kurses ein paar Themen notieren, die dich immer wieder beschäftigen. Gib jedem von ihnen intuitiv einen Wert zwischen 1 (=sehr geringe Belastung) und 10 (=sehr hohe Belastung). Nach den vierzig Tagen kannst du dir die Liste wieder vornehmen und nachspüren, was sich für dich bei den einzelnen Themen verändert hat, ob du bestimmte Aspekte anders sehen kannst, ob sich der Grad der Belastung verändert hat oder ob einzelne Themen neue Bedeutungskontexte gefunden haben.

Die vierzig Schwerpunkte dieses Buches stehen miteinander in einem inneren Zusammenhang. Du kannst dich einem Tagesthema nach dem anderen widmen, wie den Perlen auf einer Gebetskette, und so mit Hilfe dieser Markierungen tiefer und tiefer deinem Weg folgen. Du kannst dir auch vorstellen, dass die Themen einen Kreis bilden, sodass jede Position einen eigenen Blick auf das Zentrum ermöglicht. Indem du eine Sichtweise nach der anderen einnimmst, kommst du wie in einer Spirale dem Mittelpunkt näher und näher.

Jedes Thema braucht eine Phase der Kontemplation, in der Thema und Text wirken können, angeleitet von der Frage: Was zeigen mir die Worte und was bedeuten sie für mich und mein Leben? Im Anschluss an jeden Abschnitt finden sich Übungsangebote, die der Vertiefung und Innenerfahrung des Themas dienen. Die einzelnen Übungen sind Vorschläge, du kannst sie auch nach deinen Eingebungen verändern oder erweitern.

Reserviere dir eine besondere Zeit für das Arbeiten und Einlassen auf die Texte sowie für die Übungen, am besten am Morgen, bevor der Alltag beginnt, oder am Abend, sei es nach dem Abschluss des Arbeitstages oder vor dem Schlafengehen. Du hast jedenfalls mehr vom Buch, wenn du es auf diese Weise als Übungsvorlage nimmst, als wenn du es von A bis Z durchliest.

Alles war immer schon da

Nichts ist neu in diesem Buch, alle seine Weisheiten wurden schon vor Hunderten und Tausenden von Jahren erkannt und verbreitet. Und doch müssen wir sie immer wieder neu hören, prüfen, reflektieren und kontemplieren. Dadurch brechen wir die Macht unserer beharrlichen Neigung zu Unbewusstheit und Unachtsamkeit, bis uns in Fleisch und Blut übergeht, was unser geistiges Fleisch und Blut ist.

Im Grunde weißt du schon alles, was in diesem Buch steht. Das Lesen erinnert dich darin, wie der Wecker ans Aufstehen, wenn du im tiefen Schlaf bist. Leicht geraten wir in einen schlafähnlichen Trancezustand, wenn wir in unseren täglichen Aktivitäten gefangen sind. Muster und Gewohnheiten, Programme und Konditionierungen regeln unser Erleben und unser Tun. Da brauchen wir es, aufgeweckt zu werden, um zum vollen Bewusstsein und zur achtsamen Präsenz zurück zu gelangen. So gelingt es uns, wach durch den Tag zu gehen und tief in den Schlaf zu versinken.

„Das weiß ich schon, das habe ich schon oft gehört", sagt der Verstand. Nimm dir ein Herz, und lass genau das, was diese Reaktion auslöst, noch einmal auf dich wirken. Da sind noch tiefere Schichten, die mit Einsichten wachgerufen werden können, obwohl diese auf einer oberflächlicheren Schicht banal oder abgegriffen wirken mögen. Lass dich also auf solche Wendungen, die dir schal und leer erscheinen, ganz besonders ein, damit sie ihren ganz besonderen Sinn für dich entfalten können.

Führe ein Vierzig-Tagebuch, um die eigenen Eindrücke und Gedanken festzuhalten. Das kann dir sehr helfen, noch weiter in die Themen einzudringen. Vor allem, wenn du gerne schreibend deine Erfahrungen verarbeitest, wirst du deine Einsichten auf diese Weise vertiefen können. Oft können Träume hilfreich sein, die Bedeutung der Texte für dich genauer zu verstehen.

Wenn du die Übungen zusammen mit einer Partnerin oder mit einer Gruppe machen willst, verleiht das der Arbeit eine zusätzliche Kraft und gibt auch anderen den Ansporn, dran zu bleiben. Und gönne dir eine besondere Zeit nach dem Abschluss des Kurses, in der du in deiner Form feierst.

Herausforderungen beim Lesen und Üben

Da du dieses Buch in Händen hältst, bist du ein Sucher auf dem Weg nach innen. Dieser Weg beinhaltet Herausforderungen, die auch durch die Auseinandersetzungen mit den Themen dieses Buches auftauchen können. Du kannst an Punkte kommen, wo du diese Herausforderungen, tiefe Gefühle, alte Erinnerungen, heftige Zustände, nicht alleine auflösen kannst. Sorge vor, dass du eine kompetente Unterstützung hast und in Anspruch nehmen kannst, wenn du merkst, dass du dich zu sehr belastest und die Bewältigung des Alltags darunter leidet. Du musst es nicht alleine schaffen. Deshalb ist es gut, wenn du mit anderen zusammen den Kurs dieses Buches verfolgst, die dir Unterstützung geben können, wenn du in eine Engstelle geraten bist.

Absolute und relative Wahrheiten

Die Texte in diesem Buch sind keine absoluten Wahrheiten, sondern relative Versuche, das Absolute zum Durchscheinen zu bringen, sodass wir es erahnen können. Im Grunde wissen wir alle um dieses Absolute, denn ihm gilt unser Suchen, und wir wissen auch, dass Worte und Erklärungen nicht an seine Größe und Tiefe heranreichen können.

Doch braucht es immer wieder Worte, um diese Suche zu beflügeln und auszurichten, und darum geht es auf den folgenden Seiten. Mit diesem Vorverständnis ist sichergestellt, dass du genau deine Wahrheit und deine Form der Weisheit durch das Lesen und Einwirkenlassen der Texte finden kannst, und nicht die Wahrheit des Autors oder irgendeines anderen Lehrers. Denn diese sind für dich letztlich bedeutungslos.

Es liegt an dir, die Worte mit deinem Leben und deiner Herzenskraft zu füllen. Dazu brauchst du dich nur dem Weg dieses Buches zu überlassen. Es wird dich genau dahin führen, wo du finden kannst, was du im Tiefsten deines Wesens suchst. Vergiss dabei nicht auf eine Eigenschaft der absoluten Wahrheit: Sie ist nie fertig.

Deshalb bleibt der Weise immer bescheiden. Jeden Tag breitet er seinen Gebetsteppich aus, setzt sich hin und schließt die Augen. Geduldig wartet er, bis sich die Stimme meldet, die ihm ein Zipfelchen der Wahrheit offenbart. Und so geht er durch das Leben, mit offenen Sinnen und mit offenem Geist. Jedes Wachsen der Wahrheit nimmt er als Geschenk und bemüht sich, es anderen zugutekommen zu lassen, ohne je etwas aufzudrängen.

Zum Geleit

Während ich all diese Erfahrungen machte, begann ich eine Liste zusammenzustellen, die in kein Buch eingeschrieben wurde, sondern nur in meine Seele. Diese meine Liste nannte ich „Die Grundprinzipien der islamischen Wandermystiker". Diese Prinzipien waren für mich so universell, so fest und unabänderlich wie die Naturgesetze. In ihrer Gesamtheit bildeten sie „Die vierzig Regeln der Religion der Liebe", die durch Liebe und nur durch Liebe angenommen werden kann. Erst nach Jahren war die Arbeit an diesen Regeln, allen vierzig, abgeschlossen. Und als ich fertig war, wusste ich, dass ich mich der letzten Stufe meines weltlichen Daseins näherte.

Shams von Tabriz im Roman von Elif Shafak

Ein Neumond lehrt das Allmähliche
und die Abwägung, und wie jemand langsam
sich selbst gebiert. Geduld mit kleinen Einzelheiten
macht eine große Arbeit vollkommen, wie das Universum.

Was neun Monate der Aufmerksamkeit einem Embryo gibt,
werden vierzig frühe Morgen im Alleinsein
deiner langsam wachsenden Ganzheit geben.

Rumi

1. Tag: Das Tor zur Öffnung
Wähle eine neue Sichtweise

Du fragst nach einer Rose – lauf vor den Dornen nicht davon. Du fragst nach dem Geliebten – lauf vor dir selbst nicht davon.

Rumi

Es gibt Augenblicke, in denen eine Rose wichtiger ist als ein Stück Brot.

Rainer Maria Rilke

Wie wir andere sehen, zeigt uns direkt, wie wir uns selbst sehen. Wenn wir bei anderen hauptsächlich ihre Feindseligkeit wahrnehmen, bedeutet das, dass wir selbst vor allem von Feindseligkeit gelenkt werden. Wenn wir in anderen ihre Verletztheit, aber auch ihre Liebe und ihr Mitgefühl sehen, wirkt das auch in uns.

Menschen sind keine Objekte, die wir eindeutig beschreiben könnten. Wir nehmen sie nie so wahr, „wie sie sind“. Wir filtern immer, wenn wir anderen Menschen begegnen, und dieser Filter ändert sich. Deshalb nehmen wir andere Menschen so wahr, wie es unserer inneren Gestimmtheit entspricht. Wir können lernen, mehr über unser Inneres zu erfahren, wenn wir die Art und Weise, wie wir andere erleben, als Spiegel für unser Selbst nehmen.

Da wir die Gewohnheit haben, zuerst das Außen wahrzunehmen, meinen wir, dass Dinge der Außenwelt so sind, wie sie uns erscheinen. Doch erscheinen sie uns so, weil wir sie so wahrnehmen. Besonders trifft das auf andere Personen zu. Denn abgesehen von den Filterbrillen, die wir tragen, sind Menschen so komplex, dass wir immer verkürzen und verzerren, wenn wir uns ein Bild von einem unserer Mitmenschen machen.

Sobald wir beginnen, unser Selbst zu erforschen, stoßen wir auf unser Selbstbild. Es kennt zwei Ebenen: Wie wir uns selber sehen, und was wir sehen, wenn wir uns sehen. Die Art, wie wir uns betrachten, entscheidet darüber, was wir sehen. Sehen wir uns streng und verurteilend, so erkennen wir unsere Fehler und Unzukömmlichkeiten und geben uns selbst ein schlechtes Zeugnis. Sehen wir uns verständnisvoll und mitfühlend, so erscheinen unsere Makel in einem weichen Licht. Sehen wir uns freundlich und optimistisch, so beleuchten wir unsere guten und gelungenen Seiten. Sehen wir uns schließlich aus der Perspektive der Selbstüberschätzung, so streichen wir unsere Vorzüge besonders heraus und übertreiben sie noch.

Wie wir uns selbst betrachten, hängt davon ab, in welcher Stimmung wir sind. Stimmungen wiederum speisen sich aus den aktuellen Umständen, die oft alte Erinnerungen wachrufen. So kann ein Missgeschick, das uns widerfährt, zu einer Missstimmung führen, die dem Anlass gar nicht angemessen erscheint, weil eine frühere ähnliche unangenehme Erfahrung zum Schwingen kommt. Dabei ändert sich unser Selbstbild.

Wie wir uns sehen, bestimmt auch unseren Blick auf die anderen Menschen. Sind wir geneigt, unsere eigenen Fehler zu übertreiben, so trösten wir uns entweder damit, die Fehlerhaftigkeit der anderen herauszustreichen oder uns minderwertig zu fühlen. Beides schneidet uns von unseren Mitmenschen ab: Entweder stellen wir uns über oder unter sie.

Es sind dabei immer unsere eigenen, oft ungeprüften Maßstäbe, die wir an uns und an unsere Mitmenschen anlegen. Wir gehen von Idealen aus, die uns meistens gar nicht bewusst sind. Wenn wir oder die anderen es nicht schaffen, diesen Idealen zu entsprechen, leiden wir darunter, indem wir uns über uns selber oder über die anderen ärgern.

Wenn wir den Mut zur Veränderung aufbringen, können wir wachsen: In Bezug auf uns selber wachsen wir, indem wir uns mit dem unversehrten Kern in uns verbinden und uns selbst damit mehr und mehr annehmen (samt all der Schatten und Unvollkommenheiten). So lernen wir, mehr und mehr mit uns in Einklang zu kommen. In Bezug auf andere Menschen wachsen wir, indem wir uns mit deren heilem Inneren verbinden. Darüber hinaus kommen wir in Kontakt mit der ganzen Schöpfung (samt deren Unzukömmlichkeiten und Unfertigkeiten). Dabei können wir uns bewusst machen, dass das, was wir als mangelhaft erleben, von unseren inneren Maßstäben geprägt ist, die wir auch, wenn wir wollen, verändern können.

Da wir dabei erkennen, wie mangelhaft wir selber, unsere Mitmenschen und die Schöpfung als ganze sind, lösen wir uns von Idealen, die aus unserem Perfektionismus stammen. Dann erkennen wir, dass das ganze Universum von Liebe durchwoben ist. Diese Liebe macht uns darauf aufmerksam, wie wir uns dem und den Unvollkommenen mitfühlend zuwenden können.

Bevor der Groll über eine Verletzung und Kränkung überhandnimmt und unsere Bewusstheit trübt, kann es schon helfen, die eigene Sichtweise zu ändern: Wir brauchen uns nur ein Stückchen innerlich aufmachen und erweitern, und schon findet die andere Person dort in ihrer Unvollkommenheit Platz. Mit dieser Öffnung können auch wir wieder entspannen und mit uns selbst in eine gute innere Verbindung kommen.

Wenn es uns gelingt, mit dem tiefen Sein in uns in der Liebe und im Mitgefühl in Kontakt zu sein, wachsen wir über unsere eigene Ängstlichkeit und Schuldhaftigkeit hinaus und sehen dann unsere Mitmenschen im klaren und freundlichen Licht von Liebe und Mitgefühl.

Übung für den Tag:

Schließe deine Augen und spüre dein Inneres. Begegne dir selbst in einer Haltung des Wohlwollens, mit der du alles in dir umfasst: Diejenigen Anteile, mit denen du zufrieden bist und diejenigen, die du gerne anders hättest. Schließe alle deine Anteile in einen sanften und weiten Atemzug ein. Besinne dich jetzt auf Menschen in deinem Leben: Welche von ihnen könntest du freundlicher und liebevoller sehen? Entspanne den inneren Blick auf sie und schicke diesen Menschen ein besonders weiches Licht. Gibt es Menschen, denen du keinesfalls mehr Freundlichkeit entgegenbringen willst? Wie könntest du dennoch deine Haltung ihnen gegenüber ändern?

Wenn du durch diesen Tag gehst: Nimm bewusst Begegnungen wahr: Was passiert, wenn du deine ersten Assoziationen loslässt und die Person, der du begegnest, tiefer von innen wahrnimmst, so, als würdest du hinter eine Maske schauen und ihr eigentliches Wesen erkennen? Wie fühlst du dich dann selber in dir und in dieser Begegnung?

2. Tag: Das Tor zur Hingabe
Geh den Weg des Herzens

Der Verstand kann uns sagen, was wir unterlassen sollen. Aber das Herz kann uns sagen, was wir tun müssen.

Joseph Joubert

Der einzige Tyrann, den ich in dieser Welt anerkenne, ist die leise innere Stimme.

Mahatma Gandhi

Der Weg zu dir selbst ist vor allem eine Anstrengung des Herzens und weniger des Kopfes. Achte auf dein Herz und mache es zu deinem wichtigsten inneren Führer. Dabei wirst du deinen Prägungen begegnen, die dein Herz verschlossen und eng halten. Du kannst dich ihnen stellen und sie schließlich überwinden – mit der Kraft deines Herzens.

Wenn wir uns auf die Suche machen, meldet sich als erstes unser Verstand, mit allem, was wir gelernt haben und was wir schon lange kennen. Doch wir brauchen unseren inneren Wichtigtuer nicht zu ernst zu nehmen. Er verfängt sich leicht in Selbstbespiegelung und Nabelbeschau. Am leichtesten können wir ihn beruhigen, wenn wir seine Verdienste würdigen und seine Stärken nutzen. Dann wird er von selber aufhören, sich dort einzumischen, wo wir ihn nicht brauchen.

Jenseits des Verstandesdenkens beginnt die Arbeit des Herzens. Damit ist nicht die Arbeit der Gefühle gemeint, obwohl sie auch sehr wichtig ist. Die Liebe ist kein Gefühl, sondern eine Haltung, eine innere Ausrichtung, das Herz ist ihr symbolischer Sitz. Im Herzen wohnen nicht nur Empfindsamkeit und Traurigkeit, sondern auch Mut und Stärke.

Mit dem Herzen zu arbeiten, bedeutet, dass wir uns dem zuwenden, was uns fremd, unangenehm oder bedrohlich erscheint. Wir arbeiten daran, unsere Liebesfähigkeit auszuweiten. Die Liebe hat in sich die Kraft, größer zu werden und zu wachsen.

So ist die erste Arbeit des Herzens, dass wir uns beherzt unseren Schattenseiten stellen, denjenigen Aspekten unserer Persönlichkeit, die wir entweder ablehnen oder allzu sehr verherrlichen. Das sind Aspekte, die sich in unserem Inneren festgesetzt haben als Folgen von belastenden Erlebnissen im Lauf unseres Lebens und dem unserer Vorfahren. Die Arbeit besteht darin, die Angst, die mit solchen unbewältigten Erfahrungen verbunden ist, durch Liebe zu ersetzen. Wir nehmen das, was uns an uns selbst am Fremdesten ist, in unser Herz herein.

Der direkteste, aber nicht immer leichte Weg dieser Arbeit ist es, hinter allen Erfahrungen, die wir für uns selbst als nicht stimmig erlebt haben, die Angst und den Schmerz zu spüren. Das sind die einfachsten und klarsten Gefühle, die mit unbewältigten Erfahrungen zusammenhängen. Wir können sie immer irgendwo in unserem Körper wahrnehmen. Sobald wir diese Gefühle identifiziert haben, können wir sie in uns zulassen und mit Liebe umhüllen, bis sie sich auflösen und einem freien und entspannten Gefühl Platz machen.

Je mehr wir unser Herz reinigen und von alten Themen befreien, die sich wie Schleier über unsere Liebesfähigkeit hängen konnten, desto klarer wird es uns die Richtung vorgeben, die wir in unserem Leben nehmen wollen. Es wird uns immer wieder mahnen, mit hemmenden Gewohnheiten im Tun wie im Denken zu brechen und unseren Eigennutz hintan zu stellen. Es wird uns helfen, dass wir freier und offener den Menschen und der Welt mit ihren Herausforderungen begegnen können.

Was uns bei dieser Arbeit leitet, ist die Gewissheit, die wir in unserem Inneren spüren können, dass wir auf diesem Weg zur Erfüllung kommen. Dazu gilt es, diesen inneren Sinn zu nutzen, mit dem wir uns mit uns selber verbinden. Wir haben eine Instanz in uns, die uns immer Bescheid gibt, ob der Weg, auf dem wir uns befinden, der für uns richtige ist. Dazu braucht es die Bereitschaft, auf diesen Sinn zu hören, indem wir einerseits unser Gehör schärfen, und andererseits dieser Stimme den Raum geben, den sie braucht. Denn unser Herz meldet sich leise, und oft sind seine Signale schwer herauszufiltern aus der Masse der anderen vorlauten Reize.

Wenn wir uns aber Zeit nehmen für uns selber, nur mit uns selber, und nach innen horchen, können wir die leise, aber klare Stimme unseres Herzens vernehmen, sei es als Bild, in Worten, als Klang oder als Körpergefühl. So kann unser Herz zum Führer durch unser Leben werden, ein Führer, der nur sanfte Hinweise kennt und nie schroffe Befehle gibt.

Sobald wir mit dieser zärtlichen Kraft des Herzens im Einklang sind, verbinden wir uns mit der evolutionären Kraft, die in uns als Individuen, in den verschiedenen Kulturen ebenso wie in der gesamten Menschheit wirkt. Wir werden diese unwiderstehliche Macht in den anderen Menschen ebenso entdecken wie in der Natur um uns, und dann erkennen wir, dass alles vorwärts drängt zur großen Universalität, zum Miteinander-in-Einklang-Sein von allem mit allem.

Übung für den Tag:

Schließe deine Augen und entspanne sie. Spür hin zu deinem Herzen und bringe es in Kontakt mit deinem Körper. Nimm deinen Körper so an, wie er ist, und schicke überall dorthin Licht, wo du deinen Körper weniger spüren kannst oder wo du deinen Körper nicht so annehmen kannst, wie er ist. Nutze den Atem, um die Verbindung zu deinem Körper zu vertiefen.

Wenn es dir gelingt, deinen Körper mit Licht zu erfüllen, weite dieses Licht aus auf deine Seele, nimm auch hier wahr, was du an deiner Seele liebevoll annehmen kannst und was du ablehnst. Schicke dorthin, wo du diese Ablehnung wahrnimmst, das Licht des Herzens und nutze den Atem zur Unterstützung.

Weite nun das Licht aus auf Menschen in deiner Umgebung, auf Menschen, die dir nahe stehen. Kannst du sie so annehmen, wie sie sind? Wenn du ihre Schatten wahrnimmst, sende das Licht deines Herzens gerade dorthin, bis du diese Menschen in den Kreis deiner Herzensliebe aufnehmen kannst.

Öffne diesen Kreis noch mehr und schließe weitere Menschen ein, besonders jene, die es schwer in ihrem Leben haben, die durch Krankheit oder Not geplagt sind. Verbinde dich mit diesen Menschen mit der Kraft des Herzens.

Abschließend bringe die Herzensenergie wieder zurück zu dir, indem du die Hände auf die Brust legst, tief atmest und die Übung mit einer Verneigung beendest.

3. Tag: Das Tor zur Suche
Finde die Wahrheit in dir

Und es kam der Tag, da das Risiko, in der Knospe zu verharren, schmerzlicher wurde, als das Risiko zu blühen.

Anaïs Nin

Es gibt nichts zu glauben. Nur als ich aufhörte, an mich zu glauben, kam ich in diese Schönheit hinein.

Rumi

Jeder Mensch hat seine eigene Weise und seinen eigenen Weg. Finde heraus, welche Schritte deine Seele machen möchte, welche Übungen dir gut tun, was, auch wenn es eine Herausforderung für dich ist, dir liegt, wenn es darum geht, dein Herz zu reinigen und der Wahrheit näher zu kommen. Wähle sorgsam Lehrer oder Lehrerinnen aus, die dir die richtige Unterstützung auf dem Weg geben.

Finde die Wahrheit zuallererst und zuallerletzt immer in dir. Du bist die erste und letzte Instanz der Wahrheit. Was du als Wahrheit annehmen kannst, ist deines, was dir fremd ist, ist nicht deines. Vertraue deinem Inneren, es zeigt dir auf, welche Schritte für dich dran sind, welche Richtung du beschreiten solltest. Höre auf dieses Innere, und du wirst spüren, wie es dich auf die Suche schickt.

Auf diesem Weg werden Lehrer und Lehren auftauchen, die uns darauf hinweisen, dass es schon viele Entdeckungen durch berühmte Innenerforscher gegeben hat, die in lebendiger Botschaft oder in Schriften festgehalten sind. Wenn wir uns auf diese Erkenntnisse einlassen, können wir viele wichtige Impulse für unsere Suche gewinnen.

Unsere Suche führt uns in die Tiefe, sonst ist sie keine Suche. Und diese Tiefe können wir nur in uns selbst finden, nicht in äußerlichen Einflüssen. Lehren sind keine Dogmen, die in Stein gemeißelt sind, sie leben erst durch jeden, der sich mit ihnen auseinandersetzt. Beim Hören oder Lesen erwecken wir den Geist des Textes, und dieser Geist weckt dann etwas in uns auf. Deshalb sollten wir uns nie mit der ersten Bedeutung, die uns ein Text zeigt, aufhalten.

Hüten wir uns vor allem davor, Texte und Lehren zu benutzen, um auf andere Menschen bewertend hinzuzeigen. „Du führst dein Leben nicht richtig, weil du nicht so handelst, wie es nach dieser oder jener Schrift sein soll.“ Für solche Zwecke klammern wir uns nur an die äußere Erscheinung des Textes und haben die tieferen Bedeutungen nicht verstanden.

Die Suche bleibt immer dann stecken, wenn wir an Äußerlichkeiten hängenbleiben. Das Äußere, die Welt in ihrer unendlichen Vielfalt, verlockt uns zu den verschiedensten Entdeckungen, doch sind sie im Grund alle gleichartig und gleichgültig, wenn wir nicht lernen, ihre Hintergründe wahrzunehmen, indem wir in die Tiefe schauen. Wir können alle Länder der Erde bereisen und doch auf unserer Suche nicht weiterkommen, wir können alle weisen Bücher lesen und doch nichts begreifen. Und wir können, wenn wir über einen einfachen Satz oder ein Blütenblatt kontemplieren, näher zu uns finden und mehr über die Wirklichkeit erfahren als durch das Studium ganzer Bibliotheken.

Wenn wir jedoch in einen intimen Dialog mit der inneren Kraft der Worte eintreten, lassen wir uns verändern. Dann verändern sich auch die Worte, und wir müssen nicht mehr an den Buchstaben kleben. Vielmehr erkennen wir die Weite dessen, was sich ausdrückt. Wir erkennen sie nicht nur, wir spüren sie auch. Dann hat der Text seine Aufgabe erfüllt und wirkt in uns weiter.

Die Öffnung, die eine gute Ausführung oder eine tiefsinnige Bemerkung in uns bewirken kann, hebt unser Bewusstsein auf eine Ebene, von der aus wir die Unterschiede unter den Lehren, Richtungen und Glaubensformen nicht mehr so wichtig nehmen können und müssen. Jeder Mensch soll und darf den Weg nehmen, der ihm entspricht. Jedem Menschen können auf diesem Weg Irrtümer unterlaufen, wie uns selber immer wieder Fehler passieren. Alles, was geschieht, hat seine Berechtigung und seinen Wert, wenn wir es aus dieser höheren Perspektive betrachten.

Deshalb ist es auch wichtig, dass wir uns selbst, unseren eigenen Weg, mit seinen Erkenntnissen und Irrtümern, mit seinem ganz eigenen Lernprozess wertschätzen und anerkennen. Wir sind frei, uns an vorgegebenen Wahrheiten zu orientieren, wir können ihnen aber nur wirklich und echt folgen, wenn wir sie uns zu Eigen gemacht haben, wenn wir sie zu dem verwandelt haben, was uns selbst entspricht. Dann wachsen sie in uns, genährt von unseren Feinheiten und Schwingungen.

Also liegt der Schlüssel zur Wahrheit zuallererst und zuallerletzt in uns selber. Zugleich brauchen wir den Austausch und die Auseinandersetzung mit Lehrern, Schriften, anderen

Suchern, Alltagsbegegnungen. Das Leben setzt uns andauernd die unterschiedlichsten Erfahrungen vor, damit wir aus ihnen lernen. So bleiben wir im lebendigen und lernenden Austausch mit dem Leben um uns herum und bringen es immer wieder in Kontakt mit unserem Inneren, das dabei wächst und reift. Das ist der Stoffwechsel des Fließens des Lebens, das durch uns durch seine Wirkung und Wirklichkeit entfaltet.

Übung für den Tag:

Suche dir einen Text aus einer Schrift, die dir wichtig ist, ein Zitat oder einen Satz, den du einmal gehört hast. Du kannst ein bekanntes Buch wie die Bibel, das Tao Te King, den Koran nehmen, einen Schriftsteller oder Philosophen usw. oder etwas anderes, das dir am Herzen liegt. Lies den Text, höre die Worte, schließ die Augen und lass es auf dich wirken. Spüre dein Inneres, wie es in Resonanz geht zu den Worten und was sich dadurch in dir verändert. Welche tiefere Wahrheit zeigt sich, wenn du dich auf die Worte einlässt?

Lass zu, dass sich in dir etwas öffnet und weitet. Stell dir vor, auf eine höhere Ebene zu gelangen, von der aus du Übersicht hast über die Vielfalt der Wege, die die Menschen gehen, um zu einer tieferen Weisheit zu gelangen.

Kehre dann wieder zurück zu dir und verbinde dich mit deinem inneren Kern. Dort findest du die Wahrheit, die deine ganz eigene ist und die dich auf deinem inneren Weg weiterführen wird.

Während des Tages sieh, dass die Menschen, die dir begegnen, alle auf ihrem eigenen Weg durch ihr Leben gehen, nach ihrem eigenen inneren Drehbuch, und dass sie dabei auf ihrer Weise auf der Suche nach Sinn sind. Vielleicht folgt jeder dieser Menschen einem eigenen Glauben und vertritt eine eigene individuelle Weisheit. Erfreue dich an dieser Vielfalt, statt zu bewerten und zu vergleichen!

4. Tag: Das Tor zum Innehalten
Komm überall an

Wovor du wegläufst und wonach du sich sehnst – beides ist in dir.

Anthony de Mello

Wir können die Zeit nicht anhalten, aber innehalten können wir zu jeder Zeit.

Kurt Haberstich

Du kannst das Ziel deiner inneren Suche nennen, wie es für dich Sinn macht. Wo immer du im Außen danach suchst, an besonderen Plätzen und heiligen Orten, in ehrwürdigen Schriften oder bei außergewöhnlichen Menschen – es kann dir dazu dienen, innezuhalten und tiefer in dich hineinzuschauen, um dort die echte Erkenntnis zu finden.

Oft vergessen wir, dass wir auf einer inneren Suche sind. Die Erledigungen des Tages, unsere Bedürfnisse und die unserer Mitmenschen, Anforderungen, Gewohnheiten und Notwendigkeiten drängen sich vor. Manchmal braucht es Krisen, um uns zu wachzurütteln – Krankheiten, Beziehungsprobleme, Umbrüche im Beruf, Entscheidungssituationen usw. Dann werden wir auf uns selbst zurückgeworfen und fragen tiefer in uns hinein, was uns wirklich wichtig ist und wonach wir unser Leben ausrichten sollten.

Aber auch das Heraustreten aus dem Alltag und aus den Routineabläufen kann die Erinnerung wachrufen: Wir kommen an Orte, die uns ansprechen und zum Innehalten aufrufen, an einen besonderen Platz in der Natur oder in einem erhabenen Bauwerk, in einem stillen Gotteshaus oder einem dafür geeigneten Platz im eigenen Wohnbereich. Es ist hilfreich, wenn wir uns Plätze suchen, an denen wir zu uns selber einkehren können und dabei unser Inneres weiten können.

Mit der Zeit werden wir lernen, dass es nicht die Plätze sind, die uns zu uns selber führen, sondern die Bereitschaft, uns zu öffnen. So kann es geschehen, dass die Erfahrung der Öffnung an den verschiedensten Orten und in den unterschiedlichsten Lebenssituationen auftritt, sodass wir erkennen können, dass das Größere überall zu Hause ist und überall auf uns wartet. Denn Innehalten können wir an jedem Ort und zu jeder Zeit.

Öffnung heißt, dass wir die Sinne aufmachen, über die Grenzen unserer angewohnten eingeschränkten Wahrnehmung. Vor allem geht es dabei um den inneren Sinn, dass wir die Innenschau weiten, um in uns das zu entdecken, was darauf wartet gefunden zu werden.

Dieser Weg der Innenerfahrung führt zu uns selbst und über uns hinaus, das ist seine Paradoxie. Was wir auf dieser Wanderung in uns selber finden, ist etwas Größeres als wir selber. Wenn wir ganz bei uns selber sind, sind wir ganz bei etwas, das wir nicht mehr selber sind. Wir sind bei etwas anderem, als wir in den Erfahrungen unseres Aufwachsens und unseres Alltags gelernt haben uns selbst zu sehen. Wir sind bei etwas, das uns unsere bisherige Begrenztheit und die darauf gegründete Identität zeigt und zugleich darüber hinausweist.

Wir sind frei, wie wir dieses Größere benennen und dabei einer Tradition folgen oder eine ganz eigene Bezeichnung finden. Wenn wir jedoch einmal von dem Größeren gekostet haben, wollen wir mehr davon. Wir merken, dass diese Erkenntnis wertvoller ist als die Dinge, die wir besitzen oder nach deren Besitz wir streben. Sie ist auch wertvoller als die Vorstellungen, Pläne und Ideen, die wir über unser Leben entwickelt haben.

Schließlich erkennen wir: Sie ist etwas, das ganz intim zu uns selber gehört, unser eigentliches Wesen, und eben nicht etwas, dessen wir habhaft werden und das wir wieder verlieren könnten. Wir können nur darauf vergessen oder den Zugang dazu verlieren wie zu einem Schatz, dessen Versteck uns entfallen ist.

Der eigentliche Lehrer ist immer das Leben, unser Leben. Alles, was uns begegnet, dient unserem Wachsen, wenn wir ihm bewusst begegnen und aus einem bloßen Erleben eine Erfahrung machen. Dann eignen wir uns Neues an, das uns verändert. Deshalb ist dieses Leben ein beständiges Lernen, und das Lernen ein lebenslanger Prozess, in dem wir nie auslernen können. Dieses Lernen braucht nicht anstrengend zu sein, es kann auch ganz leicht gehen. Es erfordert nur unser Dabeisein.

Manchmal treffen wir auf unserem Weg einen expliziten Lehrer. Das ist jemand, bei dem wir uns bewusst entscheiden, in die Lehre zu gehen. Wir nutzen seine Weisheit und Unbestechlichkeit, um die eingefahrenen Gewohnheiten unseres Verhaltens, Denkens und Glaubens herauszufordern. Denn wir brauchen immer wieder einen Anstoß, um aus den

Gewohnheiten herauszuspringen. Je kräftiger dieser ausfällt, desto weiter fallen wir aus unseren Lieblingsmustern heraus.

Jeder Lehrer, der uns auf unserem Weg begegnet, erinnert uns an den mystischen Lehrer in uns selbst, der uns immer wieder ruft, weiter zu lernen und weiter zu wachsen. Wenn die Lehrzeit zu Ende gegangen ist, sind wir es wieder selber, die wir an unseren Entwöhnungen arbeiten, um uns freier und weiter werden zu lassen.

In dieser Freiheit müssen wir keine bestimmten Plätze aufsuchen, die es uns leichter machen, zu uns zu kommen, sondern können alle Plätze, an denen wir uns befinden, wertschätzen, in Dankbarkeit für das, was sie uns zeigen und schenken. Das Äußere schenkt uns das, was es besonders macht, und darin findet sich unser Inneres.

Übung für den Tag:

An welchen Orten findest du am leichtesten zu Ruhe und Frieden? Was zeichnet diese Orte aus? Versuche, dieses Gefühl in dir wachzurufen. Daran erkennst du, dass es primär in dir selber ist, auch wenn es dir vielleicht nicht gelingt, es so stark zu spüren, als wenn du an dem Ort bist. Atme dieses Gefühl in dich ein und gib ihm einen guten Platz in deinem Körper. Bereite dich auf diesen Tag vor, dass du immer an Plätzen, die dir besonders erscheinen, innehalten kannst, wenn es auch nur für kurz ist, um zu dir zu kommen und dich verbunden zu fühlen. Nimm deinen inneren Gebetsteppich mit, du kannst ihn überall entrollen!

Wenn du durch den Tag gehst, versuche die Unterschiede von Orten und Plätzen, an denen du vorbei kommst und dich aufhältst, bewusst wahrzunehmen. Halte dort inne und frage dich: Was kann ich für mich von diesem Platz mitnehmen, was von einem anderen? Gibt es Orte, die mir etwas mitteilen, wenn ich auf sie höre? Was lerne ich, wenn ich diese Botschaften wirklich in mich aufnehme?

5. Tag: Das Tor zur Verbindung Erlebe den Einklang von Denken und Spüren

Eine Feder kritzelte vor sich hin, aber als sie versuchte, *Liebe* zu schreiben, brach sie.

Rumi

Das Herz wurde geschaffen, dass es gebrochen wird.

Oscar Wilde

Denken und Liebe haben ein unterschiedliches Kaliber. Der Verstand reiht Argument an Argument, damit will er Sicherheit schaffen. Die Liebe durchschlägt die Knoten und riskiert jede Sicherheit. Das Denken will festhalten, und das Herz ist bereit, zu zerbrechen, um sich neu zu finden. Das gebrochene Herz birgt einen ganz besonderen Juwel.

Der Intellekt knüpft die Vorstellungen und Ideen in Knoten und riskiert nichts, aber die Liebe löst jede Ordnung und riskiert alles. Der Intellekt ist immer vorsichtig und gibt den Rat: „Hüte dich vor zu viel Herausforderung“, während die Liebe sagt: „Schon gut. Schmeiß dich rein!“ Der Intellekt hält sich steif aufrecht, während die Liebe ganz schnell zusammenbrechen kann. Aber die Schätze der Liebe sind inmitten ihrer Ruinen verborgen. Ein gebrochenes Herz offenbart den besonderen Wert dieser Person.

Wir brauchen beides in unserem Gepäck, wenn wir uns auf die Reise begeben – die Klugheit und die Herzlichkeit. Das Herz ist naiv und voll Vertrauen, zieht sich aber schnell zurück, wenn es verletzt ist. Die Intelligenz macht uns darauf aufmerksam, was wirklich gefährlich ist und was nicht und kann damit das Herz beruhigen. Allerdings neigt unser Denken dazu, dem Herzen einen Rahmen zu verordnen, der es einengt und leicht austrocknen lässt.

Eine alte indische Weisheit besagt, dass der Verstand ein guter Diener und ein schlechter Herr ist. Wir brauchen unser Denken, und es passiert schnell, dass wir uns zu sehr auf es verlassen und ihm die Herrschaft in unserem Inneren anvertrauen. Auch ist unsere Welt voll von Anreizen und Anforderungen, die das Äußerste von unserem Verstand verlangen und ihn fortlaufend fordern. Zur Bewältigung unseres Alltags müssen wir so viel denken, dass wir vermeinen, der Verstand wäre unser wichtigstes Überlebensorgan. Dabei vergessen wir auf unser Herz, das weniger der Sitz der Gefühle als der Menschlichkeit ist.

Der Verstand gibt uns Definitionen des und der Menschen. Er weiß um die Regeln, wie wir miteinander umgehen sollen, was richtig und was falsch ist. Das Herz zeigt uns, was das Menschsein wirklich bedeutet, jenseits von allen Zuschreibungen, Erwartungen und Bewertungen. Das Herz zeigt auch uns selbst, was und wer wir sind, in aller Radikalität.

Der Verstand bietet die Klarheit, die Umsicht und den Weitblick. Er verheddert sich aber auch leicht in Nebensächlichkeiten und Umständlichkeiten. Er ist ängstlich, wenn es darum geht, im Leben etwas Neues und Unbekanntes zu erproben, und verwegen, solange das Abenteuer in der Fantasie passiert. Er ist angewiesen auf die Kraft des Herzens.

Das Herz reagiert spontan und heftig, es ist bereit, alles zu riskieren und auf alles zu verzichten. Doch ist es auch empfindlich und sensibel, es ist schnell verletzt und zieht sich dann ganz in sich zurück. Es vergisst schlecht, was es enttäuscht hat, solange es keinen Trost erhält. Es muss verstehen, bevor es verzeihen kann.

Der Verstand ist ein wichtiges Instrument auf allen Ebenen, die mit Angst verbunden sind. Er dient dazu, Erfahrungen zu sammeln und zu kategorisieren, die mit Bedrohung zu tun haben, um sie im Bedarfsfall als Warnungen anbieten zu können: „Hüte dich, das hat dich schon einmal in Bedrängnis gebracht." Der Intellekt hat also auch die Funktion des überfürsorglichen Beschützers einer ängstlichen Seele. Der Preis dieser Behütung ist die „Verknotung", die Leinen des Lebens werden unterbrochen und eingeknüpft. Damit haben wir immer etwas, woran wir uns festhalten können, falls wir an der Richtschnur des Lebens abrutschen. So können wir uns leicht wieder fangen, wenn etwas zu riskant war. Wir gewinnen gleich die Kontrolle wieder, wenn einmal etwas in uns allzu sehr losgelassen hat.

Die Kraft des Herzens kann leicht verstört werden. Scheinbar ist es schwächer als der Intellekt, der sich immer wieder Auswege und Ablenkungen ausdenken kann. Dagegen kann das Herz verzagen, wenn seine Umgebung trocken und lieblos wird. Doch geschieht ein solcher Zusammenbruch nur an der Oberfläche. Im Innersten brennt die Flamme des Herzens unaufhörlich, lebendig und kraftvoll.

Wenn wir etwas besonders Schlimmes erleben müssen, kann es das Vertrauen in unser Herz unterbrechen. Z.B. jammern wir, werden zornig oder depressiv und schneiden uns von ihm ab. Wir verschließen uns und überantworten uns unserem Denken, das uns aus der Not helfen möchte.

Erst wenn wir die Verknotungen geduldig lösen, die wir in unseren Rettungsversuchen knüpfen, tasten wir uns zurück zum Herzen, das unter den Trümmern der Katastrophe wie ein verborgener Schatz funkelt und leuchtet und darauf wartet, wiedergefunden zu werden.

Übung für den Tag:

Besinne dich auf eine Entscheidung, die gerade ansteht – es kann etwas Größeres sein oder nur eine Kleinigkeit. Geh mit deiner Aufmerksamkeit in deinen Kopf und nimm wahr, was sich da abspielt. Beobachte einfach den Fluss an Gedanken, die zu diesem Thema kommen. Nimm einen tiefen Atemzug und geh mit deiner Aufmerksamkeit in deinen Brustbereich. Spüre dein Herz, wie es sich zu dem Thema anfühlt. Geh dann mit deiner Aufmerksamkeit noch tiefer und spüre deinen Bauch.

Dann weite das Energiefeld deines Herzens und deines Bauches, sodass es die Gedanken des Kopfes einschließt und dabei ganz leicht macht.

Wie fühlt sich die Frage an, mit der du die Übung begonnen hast? Was spürst du in Bezug auf die Entscheidung, und wie sind jetzt deine Gedanken?

Du kannst diese Übung bei jeder kleinen Entscheidung machen, die dir im Lauf des Tages unterkommt: Nimm dir einen Atemzug Zeit, um in Verbindung mit dir zu kommen und spüre dabei dein Herz und dann noch tiefer deinen Bauch. Vielleicht brauchst du dann gar keine Entscheidung mehr zu treffen, weil ohnehin klar ist, was du tun willst.

6. Tag: Das Tor zur Stille Betritt den Raum jenseits der Worte

In fließendem Wasser kann man sein eigenes Bild nicht sehen, wohl aber in ruhigem Wasser. Nur wer selbst ruhig bleibt, kann zur Ruhestätte all dessen werden, was Ruhe braucht.

Lao Tse

Die meisten Konflikte zwischen Menschen entstehen durch Missverständnisse. Wenn du in die Sphäre der Liebe eintrittst, wird die Sprache, wie du sie kennst, unbrauchbar. Das, was Worte nicht erfassen können, offenbart sich nur in der Stille.

Wir leben in unseren eigenen Begriffswelten und nehmen an, dass sie von anderen geteilt werden. Daher ist die Kommunikation so leicht anfällig für Missverständnisse. Insbesondere, wenn wir in unseren Gefühlen gefangen sind, neigen wir zu Projektionen und nehmen an, dass uns andere etwas Böses wollen oder uns nicht verstehen. Die Wissenschaft sagt uns, dass wir uns in andere nur einfühlen können, wenn wir entspannt sind.

Wenn wir angespannt und erregt sind, befinden wir uns im Flucht- oder Angriffsmodus. Dann neigen wir dazu, die Worte falsch zu verstehen, die wir hören, bzw. Worte zu hören, die gar nicht gesagt wurden, oder zumindest den gehörten Worten eine ganz andere Bedeutung zu unterlegen. Wir fassen harmlose Worte als Beleidigung oder Angriff auf, und spüren, was andere Menschen zu uns sagen, wie eine gewaltsame Verwundung. Wir fühlen uns tief verletzt und dazu noch im Recht, so verletzt zu sein, und geben bei nächster Gelegenheit zurück, was uns angetan wurde. So entstehen die Probleme in der Welt, im Großen wie im Kleinen, so werden sie festgehalten, vertieft und ausgeweitet.

Also ist es wichtig, dass wir über diese Fehleranfälligkeit unserer Kommunikation Bescheid wissen. Dann versuchen wir, die verletzenden Worte der anderen nicht als bare Münze zu nehmen, und ebenso wenig auch unsere Interpretationen der Worte, sondern als das, was sie sind: Annahmen darüber, was mein Gesprächspartner gemeint haben könnte.

Viele, wenn nicht sogar alle der Konflikte, in die wir uns verstricken, stammen aus solchen Missverständnissen. Deshalb sollten wir sorgfältig darauf achten, keine wichtigen Klärungsgespräche zu führen, wenn wir unter Stress stehen, denn da kann sowieso nichts Gutes dabei herauskommen. Im Zustand verstärkter Erregung können wir weder zuhören noch differenziert sprechen. So kommt es dann leicht zu lautstarken und grob vereinfachenden Auseinandersetzungen, die nur die Kanäle der Liebe zuschütten und eine kommunikative Verwüstung zurücklassen.

Wittgenstein meinte: „Die Grenzen meiner Sprache bedeuten die Grenzen meiner Welt." Unter Welt verstand er dabei das, was der Fall ist, die Tatsachen und Sachverhalte, also alles, was sich objektiv konstatieren lässt und damit sprachlich eindeutig abbilden lässt. Nicht zu dieser Welt zählt dagegen die Innenwelt oder die kommunikative Zwischenwelt, denen diese Eindeutigkeit eindeutig abgeht. Hier herrscht die Sprachverwirrung, die es aufzuklären gilt, bis die Sprache von ihren Störungen befreit und gereinigt ist. Dann zeigen sich die Probleme der Philosophie und Metaphysik und vielleicht auch die kommunikativen Probleme der Menschen als Pseudoprobleme, als unbedachte Missverständnisse, und lösen sich leicht auf.

Erst wenn wir innerlich zur Ruhe kommen, können wir uns tiefer mit einem anderen Menschen verbinden. Dann sind die Worte und deren Bedeutungen zweitrangig. Dann ist Stille die eigentliche Antwort auf jede Frage.

Die Entspanntheit ermöglicht uns, Missverständnisse durch das Anerkennen der Andersheit zu ersetzen. Wir sind so unterschiedlich in der Art und Weise, wie wir die Welt sehen und was uns dabei auffällt, und diese Vielfalt können wir als Erweiterung und Bereicherung wertschätzen.

In der Stille hört der Verstand auf, uns seine beschränkenden Sichtweisen einzuflüstern. In der Stille spricht das tiefere Wissen in uns. Es speist sich aus der Weisheit der Menschheit, mit der wir in Verbindung treten, und die Stille hilft uns auch, den Zugang zum tieferen Wissen in den anderen Menschen herzustellen. Deshalb lösen sich in der Stille die Missverständnisse auf, denn sie interessieren uns nicht mehr. Sobald wir erkennen können, wie wunderbar im Grund unsere Mitmenschen sind, ist es nicht mehr wichtig, dass sie dies oder jenes an uns nicht akzeptieren können und dass wir dies und jenes an ihnen nicht akzeptieren können. Wir freuen uns über das Dasein, von uns selber und von allem, was noch da ist und mit uns in Kontakt und Austausch steht.

Übung für den Tag:

Nimm dir Zeit, auf den vorigen Tag zurückzuschauen. Hattest du eine Meinungsverschiedenheit oder einen Konflikt mit einer Person? Wenn ja, besinne dich auf das Thema und auf deine Gefühle dabei. Versuche jetzt, dich in deinen Gesprächspartner hineinzuversetzen und den Konflikt aus seiner Perspektive zu betrachten. Schlüpfe in seine Haut, steig in ihre Mokassins. Was nimmst du wahr, wie siehst du die Situation jetzt? Geh dann zurück in deine Position und nimm wahr, was sich verändert hat – in deiner Sichtweise und an deinen Gefühlen. Vielleicht erkennst du jetzt, dass du die Welt anders wahrgenommen hast als die andere Person. Vielleicht gibt es etwas, das du jetzt der anderen Person vergeben kannst, weil sie sich nicht deinen Vorstellungen und Erwartungen entsprechend verhalten hat. Vielleicht gibt es etwas, das du dir selber vergeben kannst, weil du in der Situation nicht verständnisvoller reagieren konntest. Anerkenne dich dann für den Lern- und Erkenntnisschritt, den du vollzogen hast.

Entspanne dich jetzt ganz und umfange die ganze Situation, die du gerade bearbeitet hast, dich und die andere Person, mit einem Raum der Stille und des Friedens.

Nimm diese Erfahrung mit, wenn du durch den vor dir liegenden Tag gehst. Sieh jede Begegnung – mit Menschen, mit Orten, mit Dingen, mit Aufgaben – als eine Lernchance und sei neugierig auf Missverständnisse, weil du ausprobieren kannst, wie du sie kreativ lösen kannst. Dazu kann es hilfreich sein, vorher dreimal tief einzuatmen, um mehr zu dir zu kommen.

7. Tag: Das Tor zur Einkehr
Lerne das Alleine-Sein

Begreife dieses: Du hast in deinem Innern ein zweites All im Kleinen; in dir ist eine Sonne, ein Mond und sind auch Sterne.

Origines

Freundschaft bedarf keiner Worte - sie ist Einsamkeit befreit von der Angst vor dem Alleinesein.

Dag Hammarskjöld

Einsamkeit und Alleinesein sind nicht dasselbe. Wenn du alleine bist, heißt das nur, dass gerade niemand anderer da ist. Wenn du dich einsam fühlst, vermisst du etwas und fühlst dich abgeschnitten. Du bist dabei nicht nur von Menschen abgeschnitten, die gerade nicht da sind, sondern auch von dir selber. Gelingt es dir, dich wieder mit dir selber zu verbinden, dann ist das Gefühl der Einsamkeit verschwunden.

Wenn wir alleine sind und darunter leiden, dass niemand da ist, fühlen wir uns einsam. Wir spüren eine Bedürftigkeit in uns, die uns vermittelt, dass wir unvollkommen sind, wenn niemand sonst da ist. Das Alleinesein, also die Nichtanwesenheit von anderen Menschen dagegen kann eine Quelle der Selbstfindungen und Inspiration sein. Paul Tillich hat geschrieben: „Die Einsamkeit drückt den Schmerz des Alleinseins aus – die Abgeschiedenheit dessen Reichtum."

Letztlich ist jedes Alleinesein eine Illusion, ein Drama, das unser Körper-Verstand produziert. Es taucht auf, wenn der Verstand die Herrschaft in unserem Bewusstsein ergreift. Er möchte uns weismachen, dass wir unbedingt und genau jetzt einen anderen Menschen brauchen, um glücklich und erfüllt sein zu können, ja vielleicht sogar, um am Leben bleiben zu können.

Wenn wir nicht von unserem Denken dominiert sind, kommen wir gar nicht auf die Idee, dass uns etwas fehlen könnte. Wir spüren zwar Bedürfnisse, die aus dem Körper kommen, aber sie verschwinden, wenn wir sie stillen. Das Denken produziert Erwartungen und reproduziert Enttäuschungen. Daraus nähert sich das quälende Gefühl der Einsamkeit.

Als wir noch klein waren, war es eine echte Katastrophe, alleine gelassen zu werden ohne Wissen, wann wieder jemand kommt. Wir wussten, dass unser Überleben davon abhängt, dass Erwachsene für uns sorgen, und wir wussten, dass uns nur vertraute Erwachsene innere Sicherheit und Geborgenheit geben konnten. Solche Situationen können wiederbelebt werden, wenn wir alleine sind oder alleine gelassen werden.

So neigen wir zu irrealen oder panischen Verhaltensweisen, wenn ein Partner, der uns sehr wichtig ist, droht, uns zu verlassen. Unser inneres Kind meldet sich und überschwemmt uns mit seiner Ängstlichkeit.

Deshalb ist das Alleineseinkönnen eine wichtige Fähigkeit, die der erwachsene Mensch braucht. Es stärkt den Selbstbezug und kann auch zur Erholung von üppigen oder anstrengenden Sozialkontakten dienen. Im Alleinesein nehmen wir uns selbst mehr wahr und spüren, was für uns stimmt und welche Richtung für unser Leben und unsere Aktivitäten stimmig ist. Im kommunikativen Netz können wir uns leicht verlieren und uns selbst untreu werden, indem wir die verschiedenartigen Erwartungen und Wünsche anderer Menschen wichtiger nehmen als das, was unser Inneres sagt.

Wenn wir jedoch beim Alleinesein unruhig werden und unter der Abwesenheit von Menschen leiden, sind wir in unseren Mustern gefangen. Gestärkt durch Gedanken, steuern uns unbearbeitete Gefühle aus unserer Vergangenheit und wollen uns weismachen, dass wir unglücklich sein müssen, wenn gerade niemand da ist. Wir meinen, dass die einzig mögliche Lösung unserer Ängste und Ängstlichkeiten in der Anwesenheit eines anderen Menschen, oft eines ganz bestimmten Menschen liegt.

Unserer tieferer Sinn sagt uns allerdings: Wir sind immer in Verbindung. Alleine dadurch, dass wir atmen, tauschen wir uns beständig mit unserer Umwelt aus, alleine dadurch, dass wir herumschauen, nehmen wir anderes in uns auf, alleine dadurch, dass wir hören, dringen Geräusche in uns ein und verändern uns.

Vielleicht reden die zwitschernden Vögel mit uns oder signalisiert uns der blühende Baum, dass er es mag, wenn wir ihn anschauen? Wir können gar nicht aus dem Geflecht des Austauschens und Wechselwirkens heraustreten, das beständig im Gang ist, wir sind immer mitten drin.

Natürlich haben die Begegnungen mit unseresgleichen eine besondere Wertigkeit. Die Kraft und Kreativität, die in einer tief erlebten menschlichen Begegnung liegt, ist eine wichtige Bestätigung und Bereicherung der großen Verbundenheit, in der wir uns dauernd bewegen. Das Gesehenwerden durch andere Menschen ist eine heilsame Quelle für die innere Öffnung und kann alte Erfahrungen des Verlassenwerdens, Nicht-Ernstgenommenwerdens und Ignoriert-Werdens überschreiben. Von einem Gegenüber gesehen werden, kann aus der Beschränktheit der eigenen Person herausführen und in uns die Perspektive für einen erweiterten Sinn von Menschlichkeit zugänglich machen.

Und wir können uns in jeder Begegnung versichern, dass wir nicht von der Anwesenheit bestimmter Personen abhängig sind, sodass wir uns einsam und verlassen fühlen müssen, wenn sie nicht da sind. Jede herzliche Begegnung zeigt uns, dass es Menschen gibt, die uns schätzen und dass wir Wertschätzung geben können. Wir gehören zur großen Menschenfamilie, in der jeder Mensch seinen gebührenden Platz hat.

Übung für den Tag:

Schließe deine Augen und erinnere dich an eine Situation, in der du dich einsam gefühlt hast. Vielleicht hat das Gefühl mit einer Trennung zu tun, die du als schmerzhaft erlebt hast. Wenn du diesen Schmerz noch fühlen kannst, umschließe ihn mit deinem sanften Atem und nimm ihn ganz an, mit allem, was dazu gehört.

Wie du spürst, dass sich der Schmerz löst, öffne dich für das Gefühl der Verbundenheit. Denke an die Menschen, die dir lieb und wert sind und denen du lieb und wert bist. Denk darüber hinaus an die ganze große Familie aller Menschen, mit denen du in irgendeiner Weise verbunden bist.

Nimm während des Tages wahr, wie es dir geht, wenn du alleine bist. Denkst du daran, wann du die nächste Person treffen wirst oder genießt du die Zeit, die du mit dir selber verbringen kannst? Mach dir immer wieder bewusst, dass du mit dir und in dir nie einsam sein kannst.

8. Tag: Das Tor zur Dankbarkeit Finde das Geschenk in der Verzweiflung

Die größte Nachsicht mit einem Menschen entspringt aus der Verzweiflung an ihm.

Marie von Ebner-Eschenbach

Wenn uns Verzweiflung überkommt, liegt es gewöhnlich daran, dass wir zu viel an die Vergangenheit und die Zukunft denken.

Thérèse von Lisieux

Inmitten einer Verzweiflung scheint die Suche zu scheitern. Du bist ganz auf dich und dein inneres Gefängnis zurückgeworfen. Wenn es dir gelingt, selbst für diese Erfahrung Dankbarkeit aufzubringen, wird aus der Verzweiflung eine wichtige weiterführende Erfahrung erwachsen.

Wenn wir auf die innere Suche gehen, können wir nicht nur Honiglecken und nie endende selige Wonne erwarten. Suchen heißt, die Wirklichkeit erforschen, und wenn wir wirklich finden wollen, was wir suchen, gehört alles durchsucht, was es an menschlichen Untiefen und Abgründen gibt. Was wir davon ablehnen, weil es uns nicht in unsere Vorstellung von der Suche passt, wird wiederkehren und uns in veränderter Gestalt aufs Neue begegnen.

Das Leben schickt uns Herausforderungen, die oft so groß erscheinen, dass wir nicht glauben, ihnen gewachsen zu sein. Sie können auch andauern oder immer wiederkehren, bis wir völlig an ihnen verzweifeln. Manchmal ist das Leben unerbittlich, unnachgiebig und kompromisslos zu uns.

Die Verzweiflung, die dunkle Nacht der Seele, ist ein Zustand, in dem alle Brücken nach außen abgebrochen scheinen und nur ein lichtloses Inneres übrigbleibt. In dieser Finsternis auszuharren, ist die schwierigste Übung auf dem Weg nach innen. Wenn dies gelingt, angesichts der Aussichtslosigkeit präsent zu bleiben und nicht zu fliehen, hat das Ego seine ganze Macht eingebüßt.

Darin liegt die eigentliche Rolle der Verzweiflung – sie bietet der Sucherin einen unerbittlichen Prüfstein: Wieweit sind wir bereit, uns dem hinzugeben, was uns die Existenz vorgibt? Solange wir dagegen ankämpfen, indem wir Schuldige suchen oder Gott verfluchen oder in dumpfer Resignation versinken, stecken wir fest in den Krallen unserer wild um sich schlagenden oder antriebslos erlahmten Selbstbezogenheit.

Wenn es die Existenz gnädig mit uns vermeint und uns die Kraft zum Ausharren und Durchleben des Schrecklichen gibt, dann können wir den Lohn empfangen und aus der Dunkelheit ins Licht finden. Hermann Hesse hat geschrieben: „Die Verzweiflung schickt uns Gott nicht, um uns zu töten, er schickt sie uns, um neues Leben in uns zu erwecken.“

Nach jeder dunklen Nacht zeigt sich irgendwann die Morgendämmerung. Freilich kann es sein, dass wir viel Geduld dafür benötigen. Denn es gibt keine Instanz, die uns ein sicheres Versprechen geben kann, wann das Leiden an Verwirrung und Verzweiflung zu Ende ist.

Jedoch wird einmal ein neuer heller Tag anbrechen, und unsere Seele wird erfrischt aufwachen und sich wieder mit der Lebenskraft verbinden können. Dann erkennen wir das Geschenk, das sich in der Herausforderung verborgen hat. Denn das Leben, das uns der neue Morgen schenkt, ist von besonderer Schönheit, Köstlichkeit und Reinheit, wie die erste Frucht nach einem längeren Fasten. Indem wir dem Ansturm des Egos, dessen Aufbäumen in die Verzweiflung geführt hat, standgehalten haben, hat unser innerer Tyrann viel an seiner Macht eingebüßt, und wir haben ein großes Stück an Freiheit gewonnen.

Dafür gilt es, Dankbarkeit zu spüren. Denn wir brauchen es nicht als unsere Leistung ausgeben, dass wir es geschafft haben, die Krise zu meistern, und dass wir jetzt zu neuer Klarheit gefunden haben. Wie uns das Leben in die Dunkelheit geführt hat, so hat es uns auch heraus geführt. Es gilt, die Erfahrung in ihrer Ganzheit anzunehmen, jeden Moment und jedes Detail, ob angenehm oder furchtbar. Erst damit haben wir die volle Lektion gelernt.

Und dann können wir der Dankbarkeit einen neuen, großen Raum einrichten, indem wir die Haltung der Dankbarkeit kultivieren. Mit ihr wird es leichter, die sperrigen Erfahrungen des Lebens anzunehmen, weil wir wissen, wieviel das Leben für uns übrig hat, wie gut es für uns sorgt und wieviel unerkannt Segensreiches auch und gerade in den widrigen Erfahrungen stecken kann.

Der Mystiker hat erkannt, dass alles, was geschieht, ein Geschenk ist, für das Dankbarkeit angebracht ist. Er hat auch erkannt, dass alles, was uns an Wohltaten gegeben wird, vergänglich ist. Er versteht, dass in denjenigen Erfahrungen, die unserem Geschmack entgegenkommen, die uns gefallen und uns so selbstverständlich beglücken, zugleich ein Verweigern ist, denn jede noch so angenehme Erfahrung schiebt sich vor eine andere Erfahrung, die noch wichtiger sein könnte. Auch jedes wunderbare Geschenk vernichtet die Möglichkeiten anderer Geschenke. Darum ist dem Mystiker alles Kleine groß und alles Große klein.

Übung für den Tag:

Schließe deine Augen und denke an ein Problem in deinem Leben, das dir unlösbar erscheint, eine schlechte Gewohnheit, die du nicht loswerden kannst, eine Beziehung, die dir wichtig und zugleich sehr schwierig ist, einen Schritt im Leben, den du nicht schaffst, oder was dir sonst als übermächtige Herausforderung erscheint. Erlaube dir die Gefühle, die mit der Vorstellung verbunden sind, wenn du dich der Herausforderung stellst. Nimm alle Gefühle an, die sich in dir melden, seien sie noch so unangenehm oder lästig. Richte deine sanfte Aufmerksamkeit auf diese Gefühle und nimm sie alle an.

Verlasse dich dabei auf die Lebenskraft, die dich durch diese Erfahrung führt. Wenn du sie deutlicher wahrnehmen kannst, unterstütze sie, indem du deinen Atem kräftiger spürst.

Sobald du wahrnehmen kannst, dass sich dein Inneres ruhig und friedlich anfühlt, kannst du die ganze Erfahrung in einen weiten Raum der Dankbarkeit einbetten.

Wenn du durch den Tag gehst, achte darauf, ob es Situationen gibt, die dich herausfordern. Das können auch Kleinigkeiten sein, die dir nicht gelingen oder Missgeschicke, die dir unterlaufen. Versuche, mit jeder dieser Situationen anders umzugehen, als dein erster Impuls will. Dann geschieht das Lernen.

9. Tag: Das Tor zur Geduld
Erlerne die Langsamkeit

Geduld zu üben ist die wirksamste Methode, den inneren Frieden zu wahren.

Dalai Lama

Ich lerne es täglich, lerne es unter Schmerzen, denen ich dankbar bin: Geduld ist alles.

Rainer Maria Rilke

Geduld bedeutet, auf die Knospe zu schauen und die Blüte zu erkennen. Geduld heißt nicht, etwas passiv auszuhalten. Es bedeutet, dem Sein zu vertrauen, dass es wird, wie es wird. Die Liebhaber der Wahrheit sind immer voll Geduld, weil sie wissen, dass alles seine Zeit braucht, und nicht die, die wir ihr zumessen.

Die Natur hat für alles die Zeit, die gebraucht wird. Sie ist weder geduldig noch ungeduldig. Ungeduld entsteht erst, wenn Zeit ein knappes Gut wird. Zunächst machen wir die Zeit zu einem Gut, zu etwas Wertvollem, von dem es gilt, möglichst viel davon zu haben. Wir eignen uns die Zeit an, und leiden dann daran, dass wir sie immer wieder verlieren, wie der Milliardär, der um die verlorene Million mehr jammert als der Habenichts, der sein letztes Geld verspielt.

Die Zeit wird knapp, indem wir uns von den Rhythmen der Natur entfernen. Erst wir Menschen sind es, die allen Vorgängen ein Zeitschema darüberstülpen, und wir machen sie damit messbar. Alles, was gemessen wird, wird in Zahlen dargestellt. Zahlen sind völlig unnatürlich, also digital. Sie laufen beständig weiter, ohne Ziel und Ende. Nach jeder Zahl gibt es eine weitere. Wir kommen nie an, wir sind nie fertig, wir müssen immer weiter. Zahlen sind das Symbol der Ungeduld.

Die Beherrschung der Zeit ist in Wirklichkeit die Unterwerfung unter ihre Herrschaft. Wir haben sie zum Ding gemacht, das wir besitzen wollen, und das uns nun nach seinen Bedingungen tanzen lässt. Wir haben ein Schema erfunden und das Leben mit ihm verkleidet, sodass es nur mehr als Vorher und Nachher, als Früher oder Später erscheint. Mit dem Schema versklaven wir uns selbst. Ein Blick auf die Uhr genügt, schon wird der Körper in den Alarmzustand versetzt. Ungeduld ist eine Form von selbstauferlegtem Stress, gelenkt von einem Muss, einem Druck, der uns zum Tun zwingt, unter Androhung von Konsequenzen.

Bei Druck und Stress werden wir immer kurzsichtig (manche Leute merken das wörtlich an ihrem Sehsinn), wir sehen nur, was unmittelbar vor unserer Nase liegt. Unser Gesichtsfeld engt sich ein und wir erkennen nicht, was sich im weiteren Horizont um uns herum tut. Ebenfalls engt sich unser Gehörsinn ein und wir überhören oder missverstehen leicht etwas, was uns andere mitteilen wollen.

Unsere Ungeduld ist ein Kind der verdinglichten Zeit, und unsere Zeitauffassung beruht auf der Ungeduld. Jede Minute ist kostbar, jede verlorene Minute steht für einen Verlust, darstellbar in Zahlen. Jede Zeiteinheit muss ausgefüllt sein; bleibt sie leer, entsteht die Angst, etwas versäumt zu haben. Der Ungeduldige ist der Erfolgreiche, der Geduldige verschläft die Geschichte.

Doch der wirklich Geduldige hat das Vertrauen auf die Selbstentfaltung und Selbstorganisation in allem, was wichtig ist. Er ist eingestimmt auf die Abläufe in der Natur, die alles nach einem inneren Zeitablauf regelt. Die Afrikaner wissen: Das Gras wächst nicht schneller, wenn man daran zieht. Die Geduld ist die Tochter des Vertrauens: Des Vertrauens in die größeren Zusammenhänge, in die unsere Absichten und Pläne eingebettet sind und von denen sie erfunden, erzeugt und genährt werden.

Auch unser Menschenleben können wir so betrachten: Das Tun hat seine Zeit und Notwendigkeit wie das Nichttun. Die Meisterschaft im Leben besteht nicht darin, möglichst aktiv zu sein, sondern das rechte Maß an Tun und an Geschehenlassen, ein gutes Gleichgewicht zwischen Aktivität und Passivität zu finden. Unser eigenes Tun, mit dem wir die Wirklichkeit gestalten und verändern wollen, braucht immer wieder die Balance zu dem, was die Wirklichkeit an uns verändern will. Sonst blasen wir uns selbst zu stark auf und trennen uns ab von dem, was uns umgibt und nährt.

Geduld mit anderen zu haben beinhaltet, mit ihren Schwächen nachsichtig sein. Geduld mit sich selber zu haben heißt, die eigenen Fehler und Mängel mit freundlichem Lächeln zur Kenntnis zu nehmen. Geduld speist sich aus dem Wissen, dass Veränderungen und Verbesserungen nicht unter Druck gedeihen, sondern wenn sie die Zeit bekommen, die sie brauchen. Hier paart sich die Geduld gern mit der Beharrlichkeit, und diese wiederum mit der Disziplin.

„Alles Wesentliche geschieht von selbst", ist die Weisheit einer geduldigen Person. Sie hat immer wieder erlebt, dass hektische Aktivität mehr zerstören kann als das bedächtige Warten auf den richtigen Moment für das richtige Handeln.

Aus Erfahrung weiß sie, dass ein gutes Maß an Warten oft dazu geführt hat, dass sich ein Problem von selber in Nichts aufgelöst hat. Wenn wir uns beim Warten entspannen und die Zeitlücke genießen, statt nervös zu werden, kann uns ein ausgedehnter Horizont geschenkt werden, in dem etwas Überraschendes, Neues, Wundersames auftaucht. Eben daraus können wir schöpfen, um die richtige Antwort für Problematik der Situation zu finden, und es wäre uns entgangen, wenn wir uns ganz der Ungeduld überlassen hätten.

Übung für den Tag:

Was macht dich in deinem Leben ungeduldig? Wenn du irgendwo warten musst, wenn andere zu langsam sind, wenn du selber nicht weiterkommst? Versetze dich in eine der Situationen, die dich ungeduldig werden lassen. Welche Angst mobilisiert die Ungeduld? Was treibt dich innerlich an?

Entspanne dich, beruhige deine Atmung und lasse dich in den Moment fallen. Spüre den inneren Frieden, den du finden kannst, wenn du auf dein Inneres hörst. Stell dir jetzt vor, dass du diesen Frieden auch erleben kannst, wenn du in einer Situation bist, die dich normalerweise ungeduldig werden lässt.

Das ist dann die weitere Übung für den Tag: Nimm dir vor, bei allen Gelegenheiten, an denen du ungeduldig wirst, dich zu entspannen und deinen Atem zu spüren. Du kannst dir dabei klarmachen, dass alles zur richtigen Zeit geschehen wird. Statt dich darauf zu fixieren, was jetzt endlich unbedingt sein sollte, suche dir eine einfache Betätigung, die dich erfüllt, oder nutze die Zeit für ein meditatives Besinnen auf den Moment.

10. Tag: Das Tor zur Erkenntnis Erkenne den Verlauf der inneren Reise

Was suchen wir andere Länder unter anderer Sonne?
Entkommt, wer sein Land hinter sich lässt, sich selber?

Horaz

Das Reisen, das gleichsam eine höhere und ernstere Wissenschaft ist, führt uns zu uns zurück.

Albert Camus

Reisen bedeutet, vom Gewohnten ins Ungewohnte, vom Gewissen ins Ungewisse zu gehen. Bewege dich nie nur im Außen, sondern bleib aufmerksam auf die Veränderungen in deinem Inneren. So bereist du immer gleichzeitig die innere wie die äußere Welt.

Wir lieben die räumliche Veränderung, das Erkunden der Himmelsrichtungen, das Reisen. Wir wollen zum Horizont, um zu entdecken, was sich dahinter zeigt, und finden dort wieder einen neuen Horizont, der dazu verlockt, erreicht und überwunden zu werden. Das Reisen stößt immer an eine Grenze, die Grenze des Raumes. Hinter jeder überwundenen Grenze zeigt sich eine neue. Eigentlich möchten wir im Reisen der Begrenztheit entrinnen. Doch wir können sie im Äußeren nie überwinden, denn die Endlichkeit liegt in der Natur des Äußeren, in der Körperlichkeit.

Nie kommen wir in den Süden, wenn wir nach Süden wollen, denn dort gibt es ein noch südlicheres Süden. Selbst wenn wir an einem der Pole angelangt sind, an denen die Himmelsrichtungen in sich zusammenfallen, wollen wir noch weiter.

Reisen weckt unsere Neugier und unseren Drang nach Expansion. Wir wollen die Selbstverständlichkeiten und Abgegriffenheiten des Alltags hinter uns lassen und Abenteuer finden, die herausfordern und inspirieren. Es ist die Energie, die den jungen Menschen aus der Behütung durch die Eltern in die weite Welt zieht, um von dort als veränderter und reiferer Mensch zurückzukommen, die Energie, die den älteren Menschen von der „Ofenbank“ lockt, um die eigene Welt noch einmal in Frage zu stellen.

Wenn wir das Reisen nur äußerlich sehen, verstrickt es uns in ein Dilemma: jeder Drang nach immer Neuem wird in sich irgendwann langweilig und alltäglich. Darum suchen wir z.B. nach immer neuen Formen des Reisens und der Wegbewegung – weg von Belastungen und Schwierigkeiten. Aber wir entkommen dem Dilemma nicht, noch nie haben wir wirklich das gefunden, was wir im Reisen gesucht hätten, denn auch jedes Neue ist am nächsten Tag schon alt, vielleicht sogar schon im nächsten Moment.

So drängt uns unser Streben weiter und lässt uns nicht ruhen: Irgendwo muss es ja das Gelobte Land, Shangrila, Avalon geben, dort, wo unsere Sehnsucht zur Ruhe kommt, weil wir endlich ans ersehnte Ziel unserer Suche gelangen.

Diese Stille finden wir allerdings nicht in den drei Dimensionen unseres Im-Raum-Seins oder in einer der Richtungen des Himmels, sondern in unserem Inneren. Wenn wir tiefer ins Innere einsteigen, finden wir dort Zugänge zur Weite und zur Unendlichkeit des Seins, das alle Orte und alles Ortlose umfasst.

Wie die äußere Suche, hat auch die innere ihre Tücken. Es ist nicht immer angenehm und entzückend, was wir da finden. Wir brauchen die Bereitschaft zum Weitergehen, auch wenn es sich dort nett und fein anfühlt, wo wir gerade sind, oder wenn das, was sich um die nächste Ecke zeigt, unattraktiv und abschreckend wirkt. Die innere Reise hat nur dann Sinn und führt uns nur dann zum Sinn, wenn wir uns auf alles einlassen, dem wir begegnen. Sie führt uns nämlich vor allem dorthin, wohin wir am wenigsten gerne reisen; das sind aber gerade die notwendigsten Ziele, die uns innerlich weiterbringen. Es sind die Schatten, die Seiten an uns selber, die wir am wenigsten mögen, denen wir bei dieser Reise auf Augenhöhe begegnen.

Die Überwindung des Gewohnten, die wir auch brauchen, wenn wir zu einer äußeren Reise aufbrechen, blüht uns bei jedem wesentlichen Schritt auf dem inneren Weg genauso. Denn es geht darum, mehr an Freiheit zu erschließen. Bequemlichkeit macht uns unfrei und reduziert uns auf die eingeschränkten Genusszonen, die uns eigentlich schon fad sind. So kann es sein, dass uns eine Unruhe, die aus der Langeweile entspringt, zu einer äußeren Reise motivieren will.

Und dann entdecken wir wieder, dass es die inneren Veränderungen sind, die das Reisen interessant machen. Natürlich genießen wir die neuen Eindrücke des Äußeren, aber im Tiefsten ist es die Weitung des Inneren, die uns beglückt. Jede gelungene äußere Reise können wir so als eine innere Glücksfindung erleben. Und für manche inneren Entdeckungen braucht es eine äußere Reise, die uns einen unbekannten Aspekt unseres Inneren vor Augen führt.

Jede Reise beginnt bekanntlich mit einem ersten Schritt. Und dieser ist auch der wichtigste, denn er beinhaltet eine bewusste Entscheidung, einen Entschluss, ohne den wir einfach dort bleiben, wo wir es uns bequem gemacht haben. Nach diesem Schritt folgen die nächsten Schritte wie von selber, und wir stimmen uns jetzt auf das ein, was uns als Neues begegnet. So ist jede Reise ein Wechselspiel von Tun und Geschehenlassen, und jedes dieser Wechselspiele eine Reise. In diesem Sinn sind wir ja doch immer auf der Reise, unser ganzes Leben lang.

Übung für den Tag:

Schließe deine Augen und lass deinen Geist auf Reisen gehen. Gib ihm jede Freiheit, damit er sich genau dorthin bewegen kann, wohin er sich bewegen will. Schau einfach zu (wenn du leicht Bilder siehst, sonst nimm die Reise so wahr, wie du sie wahrnehmen kannst) und genieße die Reise und all ihre Stationen. Was ist das Besondere an jeder Etappe dieser Reise, welchen Schatz kannst du an jedem dieser Orte finden?

Auf deiner Reise durch den Tag bleibe so bewusst, wie es dir möglich ist. Stelle dir dabei vor, du wärst auf einer abenteuerlichen Reise, auch wenn es ein ganz gewöhnlicher Tag ist. Was sind die Überraschungen, die sich unterhalb der Oberfläche dessen, was sich so unauffällig zeigt, verbergen? Wo könntest du auf einem gewohnten Weg oder an einem oft besuchten Ort etwas völlig Neues entdecken? Womit kannst du dich selber überraschen, indem du dich z.B. anders bewegst als sonst oder Worte verwendest, die dir selten über die Lippen kommen? In dir steckt viel mehr, als du dir selber zutraust und erlaubst!

11. Tag: Das Tor zur Annahme Lebe mit der Unvermeidlichkeit von Schmerzen

Der Narben lacht, wer Wunden nie gefühlt.

William Shakespeare

Schmerz ist unvermeidlich, Leiden ist freiwillig.

Kathleen Casey Theisen

Jede Mutter weiß, dass Babys nur mit Schmerzen zur Welt kommen können. Ebenso kann das eigene Selbst nur geboren werden, wenn wir bereit sind, den damit verbundenen Schmerzen zu begegnen. Wie sich der Bach durch seine Engen drängen muss, um zum Fluss zu werden, kann die Liebe nur zur Vollkommenheit finden, wenn sie durch die Schmerzen geht.

Wir finden Schmerzen unangenehm und wollen sie vermeiden. Natürlich, wer will schon leiden? Unser Organismus ist auf das Vermeiden von Leid programmiert. Zugleich weist uns der Schmerz auf ein verstecktes Problem, auf etwas Bedrohliches hin und signalisiert, dass etwas nicht in Ordnung ist, oder dass sich etwas umstellt und neu ordnet.

Aus der Weisheit unseres Organismus können wir ablesen, dass Schmerzen Teil des Lebensprozesses sind. Es gibt kein schmerzfreies Leben, weder bei uns Menschen noch bei allen anderen fühlenden Wesen. Die Schmerzempfindung ist wohl (neben oder verbunden mit der Angstempfindung) eine der frühesten Errungenschaften der Evolution bei der Höherentwicklung der Lebewesen. Wie die Lebensformen im Verlauf der Evolution komplexer werden, wird auch die Schmerzempfindung vielschichtiger. Wir können Gelenksschmerzen haben oder Gemütsschmerzen, Phantomschmerzen und Beziehungsschmerzen. Je nach Sensibilität tut uns Vieles und Verschiedenes weh, und wir erkennen daran immer wieder, dass das Leben mangelhaft und bei weitem nicht vollkommen ist.

Da meldet sich unser Verstand und sagt, dass es doch das perfekte, sprich schmerzfreie Leben geben muss. Wir brauchen nur alle Quellen von Schmerzen eliminieren: Fehler an unserem Körper (Operationen müssen her), Störungen im Nervensystem (Medikamente müssen her), nervende Mitmenschen (für die müssen Therapien her), lästige Steuern (bessere Politiker müssen her) usw. Weil aber trotz aller Bemühungen immer wieder neue Schmerzquellen auftreten, klagt der Verstand schließlich das größere Ganze an, das irgendeinen Fehler in die Mechanik des Menschseins eingebaut haben muss: Wieso soll ich dauernd an Deinem Missmanagement leiden? Du hättest es in der Hand, es so einzurichten, dass mir nichts mehr weh tut, aufregt oder stört. Aber Du tust es nicht. Warum willst Du mein Leid?

Was könnte die Antwort auf diese so typisch menschliche Anklage sein? Schauen wir auf die Natur. Sie ist nicht auf Perfektion und Leidvermeidung aufgebaut, sondern darauf, sich dauernd zu verändern und aus den Veränderungen zu lernen, um sich weiterzuentwickeln. Vielleicht gibt es keine Veränderung, die ganz ohne Schmerzen ablaufen kann. Der Same muss seine Schale durchbrechen, um zu einem Grashalm oder zu einer Eiche zu werden. Und wenn er auf steinigen und trockenen Grund fällt, wird er am Mangel leiden und irgendwann absterben. Dennoch geht das Leben weiter und entfaltet mit seiner unermesslichen Kreativität aus einer Fülle von Möglichkeiten immer wieder neue Formen und Gestalten.

Uns Menschen bietet der Verstand die Möglichkeit, zu denken, dass alles auch anders sein könnte, und dass es auch anders sein sollte, wenn es uns so nicht passt, wie es ist. Aber auch wenn es dem Verstand nicht passt, kommen wir nur weiter, wenn wir bereit sind, alles, was uns das Leben bietet und auch antut, zu nehmen und damit weiterzugehen, ob es angenehm oder unangenehm ist. Der Protest unseres Denkens trägt wenig dazu bei, vielmehr erschwert er dieses Weitergehen durch sein Sträuben und Beharren.

Willst du wachsen, musst du bereit sein, Schmerzen erdulden. Denn selbst wenn du mit allen Mitteln allem Unangenehmem aus dem Weg gehen und als empfindungsloser Zombie leben willst, wirst du irgendwann einmal leiden.

Die Illusion der Schmerzfreiheit entspringt kindlichen Wunschfantasien. Erwachsensein heißt, trotz und mit Schmerzen leben und schaffen zu können. Selbst der Tod als letzte und vielleicht stärkste Schmerzerfahrung ist für den reifen Erwachsenen ein integraler Teil des Lebens.

Die gute Nachricht ist: Die Kraft der Liebe ist stärker als der Schmerz, so wie die Kraft des Lebens stärker ist als alle Hindernisse, die sich in den Weg stellten, als der Geburtsvorgang begann. Wächst die Liebe, wird das Leiden geringer. Verfalle aber nicht der Illusion, Schmerzen zu vermeiden und den bequemsten Weg zu suchen – bei der Hintertür schleicht sich das wieder ein, vor dem du die Vordertür gerade zugeschlagen hast.

Spüre stattdessen die innere Stärke, die aus deiner Selbstliebe und deiner Bezogenheit kommt: Du kannst dich jedem seelischen Schmerz stellen, indem du ihn mit deiner Liebe umfängst und zulässt, dass dich die Liebe anderer Menschen tröstet.

Körperliche Schmerzen erinnern uns direkt an unsere Endlichkeit. Wenn wir unsere Sterblichkeit als Teil unseres Lebens akzeptieren, können wir auch besser mit solchen Schmerzen umgehen.

Übung für den Tag:

Erinnere dich an wichtige Stationen in deinem Leben, das kann der erste Tag im Kindergarten oder in der Schule sein, eine unerwiderte Jugendliebe, ein Streit mit den Eltern, Erfahrungen, die schwierig und schmerzhaft, aber doch in einem bestimmten Sinn notwendig waren. Nimm wahr, was du aus jeder dieser Erfahrungen für dein Leben gelernt hast. Du kannst auch auf einem Zettel die Erfahrung und das Lernen daraus notieren.

Beginne nun, die Schmerzen aus diesen Erfahrungen, die vielleicht noch in dir schwingen, mit Liebe zu umfangen, indem du dein verletztes Herz mit dem großen Atem der Seele umfängst und wiegst, sodass es sich sicher und geborgen fühlen kann.

Achte diesen Tag darauf, ob es Erfahrungen gibt, die dich mit deinem seelischen Schmerz in Berührung bringen. Versuche dann, diesen Erfahrungen eine besondere Aufmerksamkeit zu geben.

12. Tag: Das Tor zum Anderen
Entdecke in allem die Liebe

Liebe ist die Sehnsucht nach der Ganzheit, und das Streben nach der Ganzheit wird Liebe genannt.

Platon

Ich glaube, dass wir alle etwas in uns tragen, das sich entzündet, wenn wir andere sehen und kennen lernen, und dass wir alle ein Licht sind für die andern.

Albert Schweitzer

Wollen wir nach der Liebe suchen, müssen wir unsere Gewohnheiten hinter uns lassen. Wenn wir ernsthaft nach ihr forschen, reifen wir auf diesem Weg. Der Weg erfordert das Überprüfen aller Vorstellungen von Liebe, damit wir ihren wahren Kern freilegen können. Mit jedem Konzept, das wir loslassen, verändern wir uns.

Die Liebe als Ziel der Suche ist kein bescheidenes oder geringes, aber das eigentlich menschliche Ziel. Denn die gesamte Evolution des Bewusstseins, soweit wir sie verstehen können, wächst auf dieses Ziel hin, und auch die Lebenswege der Menschen können in dieses Drehbuch eingeordnet werden.

Wir können die Liebe als Seinszustand verstehen, in dem wir alles in inniger Verbundenheit erleben können. Es ist ein Zustand, den wir deshalb so intensiv suchen, weil wir ihn kennen – aus früheren oder ganz frühen Erfahrungen. Der selbstverständliche Zugang zu diesem Erfahrungsraum ist uns als Folge von Enttäuschungen und Verletzungen verlorengegangen.

Deshalb besteht die Suche nach der Liebe im Wegräumen der Hindernisse und Blockaden zu diesem Seinszustand. Dazu müssen wir unsere Prägungen und Vorstellungen von der Liebe überprüfen und beseitigen. Wir haben eingeschränkte Ideen von Liebe aufgrund unserer unverarbeiteten traumatisierenden Erfahrungen entwickelt, die alle die Liebe an Bedingungen heften: „Liebe ist, wenn ich dieses und nicht ein anderes Geschenk bekomme, wenn dieser und nicht ein anderer Satz gesagt wird“ usw. Solange wir Liebe mit solchen Bedingungen verknüpfen, haben wir den Zugang zu ihrem Wesen noch nicht gefunden.

Denn die Liebe richtet sich nicht nach unseren Erwartungen, sondern im Gegenteil: Sie will uns von ihnen befreien. Solange wir an bestimmten Konzepten festhalten, engen wir uns selbst ein, und jedes Einengen mindert das Wirken der Liebe, die sich immer den freien Fluss sucht.

Natürlich streben Menschen in ihrem Leben die unterschiedlichsten Ziele an, und viele davon haben scheinbar überhaupt nichts mit der Liebe zu tun. In unserer Gesellschaft z.B. sind viele Suchbewegungen auf materielle Ziele ausgerichtet. Wohlstand und Lebensqualität sollen durch die Vermehrung der verfügbaren Güter verbessert werden. Die Sicherheit soll durch möglichst viel Besitz und lückenloser Kontrolle aller Risiken unbezwinglich gemacht werden.

Doch die eigentliche Hoffnung der Menschen liegt nicht darin, möglichst viele Gegenstände um sich herum anzuhäufen oder eindrucksvoll hohe Zahlen auf der Gewinnseite der Kontoauszüge vorzufinden. Vielmehr hoffen wir, mit Hilfe von solchen Gegenständen oder Zahlen ein glücklicheres Leben führen zu können: Mit so und so viel Geld kann ich mir diese oder jene Reise leisten, und reisen möchte ich, weil ich mich dann glücklicher fühle. Mit dieser neuen Badewanne kann ich mich noch besser entspannen und wohlfühlen. Dieses neue Auto gibt mir ein noch besseres Lebensgefühl usw.

Die Hoffnung liegt auch nicht allein im einsamen Selbstgenuss, im Befriedigen der eigenen Bedürfnisse, sondern bezieht sich fast immer auf andere Menschen. Das Vergnügen des neuen Autos will mit jemandem geteilt werden, die Eindrücke der Reise wollen mit einer anderen Person ausgetauscht werden, andere sollen erfahren, was ich gerade mache und was mir gefällt.

Mit einem anderen Menschen verbunden sein, verstanden werden und Vertrauen spüren, bringt Freude und Glückszustände, wie sie mit Hilfe von Dingen, Gütern oder Substanzen nie erreicht werden können. Ohne Menschen, die uns ihre Liebe schenken, ist Glück für die meisten Menschen schwer vorstellbar. Was banal klingt und was wir doch permanent vergessen: Liebe können wir uns nicht kaufen. Vergessen wir nie das Schicksal von König Midas.

Und die Liebe können wir auch nicht sicherstellen durch Regeln oder Verträge. Sie gedeiht nur im Moment der Begegnung der Liebenden, die sich füreinander öffnen. Sie verschwindet, sobald sich die inneren Pforten wieder verschließen. Sie blüht dort, wo das Eigene auf das Andere trifft, das in seiner uns fremden Eigenart als Geschenk gesehen werden kann. Das Einlassen auf das Andere, für uns Fremdartige und Ungewohnte bereichert uns in einer Art, wie es kein Ding vermag.

Schließlich erweitert sich die Hoffnung noch einmal über das Zwischenmenschliche hinaus, wie es sich in der Liebe von Mensch zu Mensch zeigt. Wenn die Liebe in der Tiefe gelingt und erlebt werden kann, ist sie nicht auf ein oder mehrere Gegenüber beschränkt, sondern dehnt sich aus auf alle und auf alles.

Erst wenn wir uns mit bewusster Suche auf diese Zusammenhänge einlassen und uns ihrer unerbittlichen Klarheit aussetzen, passieren wirkliche Veränderungen mit uns, die uns frei machen. Indem wir die Leidenschaft für die Suche in uns entwickeln, spüren wir immer mehr und mehr das Ziel, die Liebe. Sie durchdringt uns auf eine subtile Weise, um uns davon zu überzeugen, dass sie unsere Essenz ist.

Übung für den Tag:

Suche die Liebe für die Menschen, die sich außerhalb deines Lichtkegels befinden. Gibt es Menschen oder Menschengruppen, die du verachtest? Was ist das Andere, das dich irritiert? Was kannst du davon in dir selber entdecken? Versuche, auch diese Menschen in dein Herz zu nehmen – niemand verdient es, verachtet zu werden. Gibt es Menschen oder Menschengruppen, die dir Angst machen? Versuche, auch diese Menschen in dein Herz zu nehmen – dann brauchst du dich nicht mehr vor ihnen zu fürchten. Gibt es Menschen oder Menschengruppen, die du bewunderst? Versuche, auch diese Menschen in dein Herz zu nehmen – dann brauchst du dich vor niemandem mehr klein zu machen.

Geh durch deinen Tag und achte darauf, ob es unter den Menschen, denen du begegnest, welche gibt, bei denen du dein Herz verschließt. Achte darauf, was passiert, wenn du es offen lässt.

13. Tag: Das Tor zum Unterscheiden
Prüfe die Qualität jeder Lehre

Zur Humanität eines Meisters gehört, seine Schüler vor sich zu warnen.

Friedrich Nietzsche

Wer der Wahrheit zuhört, ist nicht geringer als der, der die Wahrheit ausspricht.

Khalil Gibran

Wir sind immer Lehrer und Schüler. Wenn du Lehrer bist, richte die Aufmerksamkeit deiner Schüler auf sie und nicht auf dich. Hilf ihnen authentisch zu werden. Wenn du Schüler bist, nimm das von deinem Lehrer, was dir hilft, authentischer zu werden. Werde immer durchsichtiger, bis das Licht der Weisheit durch dich scheint.

Ohne Lehrer wären wir nicht die Menschen, die wir sind. Angefangen von unseren Eltern, von denen wir das Leben nicht nur empfangen, sondern auch erlernt haben, haben alle Menschen, denen wir begegnet sind, ihre Spuren in uns hinterlassen. Wir haben also viele so benannte Lehrer, und noch viel mehr inoffizielle. Ebenso sind wir für andere Menschen Lehrer, für unsere Eltern schon als Babys, unsere Geschwister und Spielgefährten, später für unsere Kinder, Partner, Kollegen, Freunde. Das ganze Leben können wir als ein großes und vielfältiges Feld des Lernens und Lehrens verstehen.

Was uns ausmacht, unsere Identität, ist zu einem guten Teil das Ergebnis von Lernprozessen. Wir sind geformt durch all die Begegnungen, die das Leben für uns organisiert hat, die gewollten und die ungewollten, die angenehmen und die unangenehmen. Lernen ist eine Form des Im-Fluss-Seins. Es zeigt uns, dass jedes Leben ein Projekt im Werden ist, dass wir immer wachsen, innerlich und äußerlich.

Wir lernen nicht nur Inhalte, sondern auch das Lernen selbst, also wie wir mit den Inhalten umgehen, die uns angeboten werden. Das Ausmaß unserer Lernfähigkeit bestimmt das Ausmaß, in dem wir unser Leben lebendig halten. Jedes Lernen macht uns reicher, weil es unsere Freiheit erhöht. Neue Fähigkeiten, neue Sprachen, neues Wissen, neue Erfahrungen, alles trägt dazu bei, uns mehr vom Leben kosten zu lassen und mehr zu ihm beitragen zu können.

Wo wir aufhören zu lernen, verhärten wir uns. Wir werden an diesen Punkten unbeweglich. Ähnlich wie Körperbereiche steif werden, die wir nicht oder zu einseitig bewegen, bleiben emotionale und geistige Zonen, die wir nicht trainieren und flexibel halten, dunkel und starr. Sie stellen sich als Blöcke dem Leben, das weiter fließen will, entgegen. Wenn wir aus solchen lernunwilligen Anteilen heraus anderen Menschen begegnen, werden wir auf ablehnende Reaktionen stoßen.

Unsere eigene Dunkelheit geht dabei zum Unbewussten der anderen Personen in Resonanz. Das führt zu Distanz und Missverständnissen.

Nehmen wir stattdessen Situationen, in denen wir uns unverstanden fühlen, als Lernchancen, dann hellen wir unbedarfte Bereiche in uns auf und werden reichhaltiger in unseren Kommunikationsmöglichkeiten. Wir werden durchsichtiger und authentischer, also stimmiger mit uns selbst.

Je mehr starre Teile wir in uns aufweichen, desto mehr können wir teilen und mitteilen. In jedem Lernen werden wir bessere Lehrer. Denn wenn wir unsere Identität mehr und mehr ins Fließen bringen, können wir leichter andere Menschen verstehen und unterstützen. Indem wir achtsam mit uns und mit unserer Umgebung umgehen, lehren wir den anderen diese Achtsamkeit. Indem wir präsent sind, lehren wir die Präsenz. Indem wir rechtzeitig innehalten, wenn etwas zu viel wird, geben wir ein Beispiel des guten Umgangs mit sich selbst.

Lehrer helfen uns, unsere blinden Flecken zu erkennen. Deshalb ist es hilfreich, immer wieder jemanden aufzusuchen, der sich ganz auf uns einlässt, ernst nimmt und liebevoll herausfordert. Je präsenter und fließender ein Lehrer ist, desto mehr kann er von seinen Schülern wahrnehmen. Je achtsamer er ist, desto besser kann er seine Einsichten in einer Art weitergeben, die gut aufgenommen werden kann. Der weise Lehrer zeigt sich auch darin, dass er sich am richtigen Punkt selbst überflüssig macht, damit die Schülerin selber Lehrerin werden kann.

In eine gute Lehre zu gehen heißt auch, Herausforderungen und Überwindungen anzunehmen. Damit werden neue innere Bereiche erschlossen. Jede Lehre hat ihre Grenzen, jeder Lehrer seine Schattenseiten und menschliche Schwächen. Menschen können und brauchen nicht vollkommen sein.

Die Aufgabe der Selbstprüfung besteht darin, einem bestimmten Weg soweit zu folgen, wie es dem eigenen Inneren entspricht und dann zu wechseln, wenn dies nicht mehr der Fall ist. Jede hilfreiche Lehre hat irgendwann ein Ende, und es ist gut, den richtigen Zeitpunkt für die Loslösung zu ergreifen, da es sonst zu einer Anhaftung an die Person, an eine Gruppe oder ein Lehrgebäude kommen kann.

Jede Anhängerschaft, die über ein stimmiges Maß an Lernerfahrungen hinausgeht, kann stellvertretend für eigene innere Hemmnisse werden, die dem Weitergehen im Weg stehen. Was zur Abhängigkeit geworden ist, muss überwunden werden, damit neues Lernen möglich wird, auch wenn der Preis darin liegt, sich von einer liebgewonnenen Lehrerin zu verabschieden. Dein eigenes Leben zu meistern erfordert letztlich genau einen Meister, eben den, der in dir ist und der du selber bist.

Übung für den Tag:

Denke an die wichtigsten Lehrer in deinem Leben; das können auch deine Eltern und Geschwister, Freunde und Schullehrer sein. Schreibe sie auf eine Liste. Welchen dieser Menschen gegenüber kannst du Dankbarkeit empfinden? Wofür dankst du ihnen besonders? Welche hast du in schlechter Erinnerung? Was hast du gerade von ihnen gelernt?

Für welche Menschen warst oder bist du in einer Lehrerrolle? Wie nimmst du diese Verantwortung wahr? Welche Herausforderung liegt für dich in dieser Rolle?

Wenn du dich durch deinen Tag bewegst, achte diesmal darauf, was du lernen kannst – geht als aufmerksame Schülerin, als wiss- und lernbegieriger Schüler durch diesen Tag und lerne von Menschen, Tieren, Pflanzen, Vorgängen und Dingen. Entdecke die Lernmöglichkeiten, die sich dir in jedem Moment bieten.

14. Tag: Das Tor zum Spielen Erweiche jeden Widerstand

Wenn der Wind der Veränderung weht, bauen die einen Mauern und die anderen Windmühlen.

Chinesisches Sprichwort

Versuch den Änderungen, die dir das Leben aufgibt, mit innerer Freiheit zu begegnen. Damit erlaubst du, dass du zum Teilhaber deines Lebens wirst. Du kannst dann auch im Vertrauen bleiben, wenn sich alles in deinem Leben ändert. Denn das, was bisher war, gibt keinen Aufschluss über das, was kommen wird.

Leben ist Veränderung, und so bleibt es bis zum Tod, dann endet diese bestimmte Veränderungsmöglichkeit, die unser Leben war, während die Überreste weiteren Veränderungsprozessen unterworfen sind. Jede Wahrnehmung von Stillstand bedeutet, dass wir die Veränderung, die sich gerade vollzieht, übersehen.

Manche Veränderungen in unserem Leben mögen wir, andere gefallen uns nicht. Wir haben den natürlichen Impuls, das, was uns nicht in den Kram passt, abzuwehren und zu bekämpfen, und mehr von dem zu wollen, was uns gefällt. Doch die Veränderung ist schon da, sie ist passiert, ohne uns zu fragen, ob uns das recht ist. Das Wetter ist in dem Moment schlecht geworden, als ich einen Spaziergang machen wollte. Ich ärgere mich und mache das Wetter dafür verantwortlich, dass ich jetzt sauer bin statt mich am Spaziergang erfreuen zu können. Ich drücke die falsche Taste am Computer, und die Arbeit von einer Stunde ist im Eimer. Schuld ist das blöde Ding, das so unsinnig reagiert.

Sofort, wenn etwas geschieht, was unsere Erwartungen durchbricht, reagieren wir mit Stress und mit innerer Anspannung. Wir müssen uns neu organisieren und orientieren, manchmal noch dazu unter Zeitdruck. Das ist ein Aufwand, den unser System leisten muss. Dazu kommen die Gefühle, vorher z.B. hatten wir freudige Erwartung oder eine kreative Arbeitsphase. Diese wandeln sich blitzschnell zu unangenehmen Gefühlen: Enttäuschung, Ärger, Frustration. Sie bewirken, dass der Stress verlängert und verstärkt wird und dass wir uns nicht entspannen können. Dazu müssten wir wieder zu den angenehmen Gefühlen zurückkehren. Da sich die Umstände so zum Schlechteren geändert haben, geht das eben nicht.

Die Umstände bewirken folglich, wie wir uns fühlen – das falsche Wetter, der störrische Computer usw. Sobald die unangenehme Störung unserer Erwartungen eintrifft, fühlen wir uns als das Opfer von höheren und unkontrollierbaren Mächten. Wenn wir diese Kausalität nicht umdrehen können, bleibt uns nichts anderes übrig, als immer wieder gegen das Leben und seine Umstände zu opponieren.

Unsere Neigung, dem Leben gegenüber Widerstand zu leisten, ist im Grunde eine sinnlose Vergeudung von Energie. Denn der Widerstand kommt immer im Nachhinein, wenn alles schon passiert ist. Die Wirklichkeit ist immer schon einen Schritt weiter als der Widerstand. Widerstand ist also letztlich zwecklos. Deshalb sagt der Weise: „Wenn du gegen das Geschehene kämpfst, verlierst du immer."

Der Widerstand verschwindet eben nicht dadurch, dass wir gegen ihn einen neuen Widerstand aufbauen, indem wir ihn bekämpfen: Schon wieder habe ich mich so unnütz aufgeregt, wann höre ich endlich auf damit? Erst recht: Widerstand gegen Widerstand ist doppelt zwecklos.

Es ist klar, dass wir mit dieser Strategie nie aus dem Widerstehen herausfinden. Im Gegenteil, wir füttern unseren Widerstand und machen ihn noch wichtiger. Vielleicht erleichtert es uns kurzfristig, wenn wir unseren Zorn ausdrücken, wenn wir zu schimpfen und fluchen anfangen. Aber der Widerstand wird beim nächsten Mal genauso stark wieder auftreten.

Was ist der Ausweg? Nun, hier kommt ein bewährtes Rezept: Was den Widerstand wirklich und dauerhaft abschwächt, ist, ihn zu akzeptieren. Das Annehmen des Widerstandes führt schnell zu seinem Schmelzen. Haben wir etwas gegen die Veränderung, die gerade passiert ist, so ist der erste Schritt im Einsehen, dass wir gerade die Welt nicht so akzeptieren können, wie sie gerade ist.

Wenn wir lernen, als erstes den Widerstand gegen das Leben zu akzeptieren, wird es immer leichter, das Leben selber und seine Umstände anzunehmen, wie sie eben sind. Damit finden wir immer mehr zur Haltung der Gelassenheit. Aus ihr heraus nehmen wir das Leben mit Gleichmut, die sich nicht aus der Fassung bringen lässt, was auch immer die Umstände sind, und die Heiterkeit auch dort noch beibehält, wo sich für andere der Spaß aufhört. Lernen wir also zu lächeln, wenn sich die Wirklichkeit uns entgegenstellt, und lächeln wir dabei über die Wirklichkeit und über uns selber. Vielleicht ist all die Dramatik unseres Lebens in ein Feld der Leichtigkeit und des Humors eingebettet und wir haben es einfach noch nicht bemerkt?

Übung für den Tag:

Wenn ein Widerstand auftaucht (und das passiert ja fortwährend), ist es ein Experiment wert, die Haltung des interessierten und höflichen Willkommenheißens einzunehmen: Der (unangemeldete) Gast schaut nicht so aus, wie ich ihn mir vorgestellt habe, aber wenn ich ihm freundlich begegne, verwandelt er sich über kurz oder lang in eine sympathische Person. So werden gerade aus den widrigeren Umständen wichtige Ressourcen.

Was war die letzte Erfahrung von Widerstand, die dir vor kurzem begegnet ist? Wie hast du sie erlebt? Was hast du dabei gefühlt? Mache jetzt das Experiment und finde einen Weg, wie du für dich die Haltung des bedingungslosen Akzeptierens einnehmen kannst, indem du zu dir sagst: Das Leben hat mir jetzt diese Erfahrung geschenkt, ob ich sie will oder nicht, gehört sie ab jetzt zu meinem Leben. Ich betrachte sie mit freundlichen Augen und heiße sie willkommen und gebe ihr den ihr gebührenden Platz.

Nimm dir an diesem Tag die Zeit, immer, wenn sich etwas deinen Plänen entgegenstellt, mit dem Widerstand zu üben – ihn als erstes wahrzunehmen mitsamt den Gefühlen, die dabei auftauchen, dann lächelnd willkommen zu heißen und zu schauen, was sich innerlich verändert.

15. Tag: Das Tor zur Kreativität
Sieh das Leben als Kunstwerk

Die Sonne sagt zum Stein: Lass mich in dich hineinscheinen und dein Zentrum in einen Rubin verwandeln.

Rumi

Jeder Mensch ist ein einmaliger Mensch, und tatsächlich, für sich gesehen, das größte Kunstwerk aller Zeiten.

Thomas Bernhard

Wir alle sind ein unvollendetes Meisterwerk der Schöpfung, die sich durch uns vervollkommnen will. In der Entfaltung unseres Inneren leisten wir den besten Beitrag zur Schönheit und zur Fülle dieser Welt.

Nehmen wir einmal an, dass die Entwicklung der menschlichen Kultur ebenso wie die Entwicklung eines einzelnen menschlichen Lebens einer zielgerichteten Entwicklung unterliegt, einer evolutionären Bewegung, die nach innerer Logik in ganz unterschiedlichen Zeitrhythmen von einer Stufe zur nächsten fortschreitet. Wenn dem so wäre, können wir uns entspannen: Die notwendige Verbesserung der Welt liegt nicht allein daran, dass wir uns selber dauernd anstrengen und bemühen, sondern bei diesem unserem Arbeiten wirkt eine höhere Kraft mit. Dazu kommt: Wir, die Elemente in diesem schöpferischen Entwicklungsprozess, brauchen uns nicht nur auf die treibenden Kräfte in uns selber verlassen. Vielmehr sind wir umgeben von lauter Weggefährten, und schließlich ist die Menschheit als ganze in einer gemeinsamen Richtung unterwegs.

Wenn wir uns weiter entwickeln wollen: Wieso sollte sich diese Motivation auf uns beschränken und nicht gleichermaßen alle anderen auch anspornen? Es fällt uns nur nicht auf, wie sich die anderen Menschen weiterbewegen und wie sie innerlich wachsen, weil wir denken, sie müssten sich genauso oder zumindest so ähnlich verhalten wie wir selber, damit wir annehmen können, dass sie auch am Weg zur Vollendung unterwegs sind.

Wenn jemand mit verzücktem Blick, holdem Lächeln und verschränkten Beinen auf der Parkbank sitzt, nehmen wir vermutlich leichter an, dass er gerade von höheren Kräften bearbeitet wird, als bei der alten Dame, die soeben mit ihrem Hund schimpft. Aber wieso sollte bei ihr nicht ebenfalls die Eingebung von oben am Werk sein und wundersame Wirkung zeigen, die sich nur unserem voreingenommenen Blick nicht sogleich offenbart?

Das Ziel der Evolution des Bewusstseins liegt nicht darin, dass einzelne Menschen mit ihren besonderen Leistungen oder Begabungen gegenüber den anderen hervorragen. Es ist vielmehr erst erreicht, wenn jeder Mensch sich voll und ganz entfaltet hat, d.h. wenn jeder Mensch seine inneren Ängste abgebaut und seine innere Freiheit gewonnen hat und für sich und die Welt nutzt und gleichberechtigt an ihren Schätzen teilhaben kann. Und dazu ist es hilfreich und nützlich, dass das Einfache ebenso wertgeschätzt wird wie das Komplexe, das Kleine so wie das Große, das Schnelle ebenso wie das Langsame. Denn alles und jedes wirkt mit an der Komposition des Ganzen.

Die Natur trägt die Vollendung in sich und vollzieht sie in all ihren Abläufen. Sie geht gewissermaßen von einem Moment der Vollendung zum nächsten. Sie braucht nicht anders zu werden als sie ist. Es ist gleichermaßen Teil dieser Vollendung, wenn neue Pflanzenarten entstehen und alte aussterben, wenn die einen Tiere die anderen jagen und erlegen, wenn Erdbeben Landschaften umkrempeln und Vulkanausbrüche die Vegetation im Umkreis zerstören.

Mit dem Auftreten des Menschen im Naturzusammenhang und mit der Ausbildung der Kultur hat ein neuartiges und gigantisches Projekt begonnen. Das Projekt Menschheit handelt von Wesen, die mit einem Überschuss an Reflexion und Kreativität ausgestattet sind und deshalb keine vorgegebene Vollendung in sich tragen können. Jeder Mensch wird erst zum Kunstwerk, indem er sich dazu macht, bzw. indem er sich dazu werden lässt, und das geschieht in beständiger Zwiesprache und Abstimmung zwischen dem Einzelnen und dem Ganzen, wie zwischen dem Meister und seinem Kunstwerk.

Es findet also ein dauernder und „ergebnisoffener" Austausch zwischen den Menschen und dem gesamten Prozess der kulturellen Evolution statt, und in diesem Kommunikationszusammenhang wird zunehmend klarer, worauf alles hinausläuft. Die abstrakte Idee davon ist schon vorhanden (der angstfreie welt- und liebesoffene Mensch, die ausgeglichene, gerechte und tolerante Gesellschaft), aber die konkrete Form ist immer erst im Entstehen. Der Blick kann immer wieder voraus auf das gehen, was sein soll, und es ist wichtig, dass er immer wieder zurückpendelt zu dem, was gerade jetzt zu tun ist, damit jeder individuelle und kollektive Schöpfungsablauf seine jeweilige praktische Ausgestaltung findet. Dabei hat dann auch das „Werk“ etwas mitzureden und mitzugestalten.

So liegt unser Beitrag darin, die Kunstwerke, die in uns und um uns herum im Werden sind, zur Ausgestaltung und Vollendung zu bringen. Sehen wir unser Leben als Schöpfungsprozess, in dem unser Schaffen und Mühen zusammenklingt mit dem, was von selber und aus sich heraus geschieht! Dann sind wir im Zustand des Fließens, in dem wir das, was uns gegeben wird, durch uns durchströmen lassen, bis es zu seiner Wirklichkeit gefunden hat.

Übung für den Tag:

Blicke auf die letzte Zeit zurück und notiere, was sich in dir verändert hat. Was war neu? Achte auf Kleinigkeiten und Details, wie neue Gedanken, überraschende Gefühle, Wahrnehmungen von Dingen oder Menschen, Empfindungen usw. Erkenne, dass du in dieser Zeit innerlich gewachsen bist, obwohl es vielleicht gar keine herausragende Besonderheit gegeben hat oder obwohl du dich vielleicht nicht besonders toll gefühlt hast. In allem, was dir in dir und um dich herum begegnet, schwingt eine neue Qualität, etwas, das anders ist als je zuvor. Rufe das in deiner Erinnerung wach und wertschätze es.

Nimm dir an diesem Tag Zeit, an solchen Details und Kleinigkeiten zu bemerken, dass du stets und immer wieder neu wirst, dass du ein Schöpfungswerk bist, das sich beständig neu erfindet und der Vollendung annähert. Erlaube dir dabei, dich ganz in diesen Fluss der Schöpfung zu entspannen.

16. Tag: Das Tor zur Liebe Verbinde Herzenskraft und Weite

Je vollkommener jemand ist, desto milder und nachsichtiger geht er mit den anderen um.

Thomas Morus

Wir tun uns leicht, die Vollkommenheit als Idee zu schätzen, in ihrer Makellosigkeit und Unfehlbarkeit. Um vieles schwieriger ist es, unsere Mitmenschen mit all ihren Fehlern und Mängeln wertzuschätzen. Allerdings können wir nur das erkennen, mit dem wir uns in Liebe verbinden können. Indem wir lernen, alle Wesen in Liebe zu erkennen, finden wir zur Wahrheit.

Was macht es uns so schwierig, unsere Mitmenschen zu lieben? Es ist unsere eigene Unvollkommenheit, Gestörtheit, Selbstverstricktheit und Engstirnigkeit. Immer wieder neigen wir dazu, unsere Sicht der Welt als die einzig mögliche und sinnvolle zu nehmen, womit uns jede andere Idee von der Welt irritiert und aufregt. Gleich fühlen wir uns bedroht und reagieren abweisend und ärgerlich, wenn jemand die entgegengesetzte Meinung vertritt oder sich nicht unseren Erwartungen entsprechend verhält. Dann ziehen wir uns auf uns selber zurück und versperren die Kanäle der Liebesenergie.

Wir halten uns viel an der Oberfläche auf und bleiben leicht dort hängen. Viele unserer Alltagsverrichtungen laufen in den Schienen der Routine: Einkaufen, am Verkehr teilnehmen, Bekannte treffen, Arbeitskollegen begrüßen, usw. Jeder Mensch ist anders, und schnell erkennen wir etwas Störendes oder Gestörtes. Zudem sind wir häufig unter Zeitdruck, angespannt und gestresst. Damit ist unser empathisches Potenzial außer Kraft gesetzt und der andere wird schnell zum Gegner oder Feind, der uns nur im Weg steht und unser Weiterkommen behindert, statt es zu unterstützen.

Wie ist es mit den Freunden und Liebespartnern? Da kommen wir leichter in die Tiefe, da lauern aber auch viele Fallen, die uns dann wieder zurück an die Oberfläche katapultieren. Wir sind oft empfindlicher und leichter zu reizen und zu verletzen, wenn wir mit vertrauten Menschen zusammen sind als mit Fremden. Wir denken, dass da mehr auf dem Spiel steht und meinen, dass wir deshalb nichts durchgehen lassen können. Wir verstehen uns bestens darauf, die Knöpfe unserer Freunde zu drücken, sie also an ihren besonders empfindlichen Punkten zu treffen. Wenn uns jedoch das Gleiche widerfährt, sind wir besonders arg davon betroffen und schnell beleidigt. Wir sind meist gut im Austeilen und schlecht im Nehmen.

Verstehen wir uns als Suchende, als Pilger und Lernende auf dem Weg, dann sollten wir es als sich spontan bietende Lerngelegenheit sehen, wenn wir merken, dass wir eingeschnappt und verletzt sind. Dazu brauchen wir die Zeit, bis wir erkannt haben, dass es unser Gefühl ist und nicht von der anderen Person erzeugt wurde. Dann können wir uns ein Stück davon entfernen und schauen, was das Thema mit uns selbst zu tun hat, welchen Teil von uns selber wir im Anderen ablehnen.

Sobald wir diesen Teil in uns besser annehmen können, wird er uns im Außen nicht mehr stören, und wir können uns für Andere öffnen. Was wir an uns kennen und lieben gelernt haben, wird uns helfen, mehr am anderen kennen und lieben zu lernen.

Mit dieser Haltung wird jede Begegnung zu einer Chance für das Praktizieren von Liebe. Wir haben erkannt, dass in Begegnungen immer wieder Gefühle aktiviert werden können, angenehme wie unangenehme, und dass das immer unsere Gefühle sind. Außer uns selber zwingt uns niemand, wegen schmerzhafter oder ärgerlicher Gefühle den Raum der Liebe zu verlassen und uns in uns selber zu verkriechen. Mit dieser Erkenntnis können wir in jede Beziehung und in jeden Begegnungsmoment wie in ein Abenteuer hineingehen.

Das Experiment besteht darin, dass wir den Menschen, mit denen wir zu tun haben, in der Tiefe begegnen, so, dass wir ihr Herz spüren. Dann fällt es leicht, in jeder Begegnung die unendliche Vielfalt der Schöpfung anerkennend wertzuschätzen und in dieser Haltung jedes Element dieser bunten Welt in seiner Eigenart zu lieben. Lieben bedeutet hier nicht, dass wir allen um den Hals fallen müssen, sondern dass wir möglichst vielen mit Respekt und Wertschätzung begegnen, ob durch Worte, Gesten, Blicke oder einfach nur durch die innere Einstellung. Lieben bedeutet, Dankbarkeit für die Existenz von anderen Menschen und Wesen zu empfinden.

Dann erkennen wir, dass andere in Wirklichkeit gar nicht so unmöglich oder seltsam sind, sondern dass es nur unser Blick ist, der getrübt ist von unseren Voreinstellungen und Projektionen und das Offensichtliche nicht erkennen kann. Wenn wir uns von unseren angstgeleiteten Konzepten über das Richtige und das Falsche befreien können, gewinnen wir viel: Lauter wunderbare, liebenswerte Freunde rings um uns und überall, wo wir hinkommen.

Die Wahrheit in ihrer unendlichen Vielgestalt zeigt sich in jedem dieser Freunde, und es liegt an uns, Wege zu finden, sie in jedem von ihnen gebührend wertschätzen zu können. Jeder dieser Wege wird uns in jeder Erfahrung für die Einfachheit der Liebe öffnen. In dieser Einfachheit spielt es keine Rolle mehr, ob irgendjemand vollkommen ist oder nicht. Es genügt, mehr noch, es übertrifft alles andere, dass wir selber und die anderen präsent sind, so, wie wir und sie eben sind, jetzt, in diesem besonderen Moment.

Übung für den Tag:

Schließe deine Augen und stelle dir Menschen vor, denen du in letzter Zeit begegnet bist. Versuche, bei jedem dieser Menschen von der Oberfläche in die Tiefe zu spüren, also vom Äußeren zum Inneren. Spüre einen Kern in diesen Personen, der sie zu etwas ganz Besonderem macht. Erweitere diese Übung auf Menschen, die dir vielleicht unbedeutend oder uninteressant vorkommen: Jemand, der dir irgendwo auf einem Gehsteig entgegengekommen ist, jemand, der dich im Supermarkt bedient hat, jemand, den du in der Straßenbahn gesehen hast oder in einem vorbeifahrenden Auto.

Nimm diese Übung in deine Tagesreise mit und experimentiere mit ihr: Wann immer dir Menschen über den Weg laufen, begegne ihnen in der Tiefe und mit einem inneren Lächeln. Gib dich erst zufrieden, wenn du etwas entdeckt hast, an dem du dich über diese Menschen freuen kannst.

17. Tag: Das Tor zur Reinigung Übe dich in innerer Sauberkeit

Du aber liebe mich, auch wenn ich schmutzig bin; denn wenn ich weiß gewaschen wäre, lieben mich ja alle.

Fjodor Michailowitsch Dostojewski

Der Schmutz des Körpers kann einer reinen Seele nichts anhaben.

Khalil Gibran

Nur im Äußeren ist uns klar, was rein und was unrein ist. Doch sollte es uns vordringlich um die innere Reinheit zu tun sein. Da müssen wir uns mit allen Strebungen auseinandersetzen, die uns von anderen und von uns selbst abtrennen.

Wir leben in einer Kultur, die stark von Sauberkeit geprägt ist, und das hat auch seine guten Seiten. Was wir an weniger entwickelten Ländern oft schlecht aushalten, ist die Unordnung, der Mist, der herumliegt, der Gestank und der Dreck. Manchmal übersehen wir dabei, dass die Menschen dort oft etwas ausstrahlen, was bei uns selten geworden ist, eine Form der Entspanntheit und des alltäglichen Humors. Das zeigt uns, dass der äußere Schmutz nur eine Seite ist, und nicht die wesentlichste. Hinter dem saubersten Äußeren kann sich leicht ein ungereinigter Charakter verstecken, und unter einer ungepflegten Oberfläche kann ein reiner Charakter verborgen sein.

Außen so wie innen, heißt es manchmal. Außen sauber machen ist keine besondere Kunst, höchstens eine Überwindung. Zur äußeren Reinigung zählt auch die des eigenen Körpers, z.B. durch gesunde Ernährung und ausreichende Bewegung.

Dabei brauchen wir die Disziplin, die geheimnisvolle Maske der Freiheit. Denn mit der Überwindung legen wir uns selber einen Zwang auf, der sich unfrei anfühlt, auch wenn wir selber die Entscheidung dazu treffen. Es geht um Tätigkeiten, die wir nicht gerne machen, sondern die uns lästig sind, die uns nicht so leicht von der Hand gehen und mühsam sind.

Mit jeder Überwindung beweisen wir uns selber, dass *wir* den Ton in unserem eigenen Leben angeben, und nicht schlechte Gewohnheiten oder zwanghafte Verhaltensweisen. Wir schwächen damit unser Ego, das es immer nur bequem haben will. Seine Bedürftigkeit und Faulheit sollte nicht die einzige Richtschnur unseres Handelns sein, denn sonst kommen wir nie weiter.

Die Reinigung des Herzens wird durch das Üben von Disziplin erleichtert, aber ist damit lange noch nicht getan. Bloße Selbstbeschränkung und Überwindung führen nicht automatisch zu mehr Bewusstheit und Liebesfähigkeit. Es kann auch das Gegenteil eintreten, dass die Selbstdisziplin und Selbstkasteiung einem Teil in uns zu dienen beginnt, der sich mit dem Erfolg der Selbstkontrolle als etwas Besseres und Überlegenes fühlt, also Stolz und Überheblichkeit nährt, womit sich erst recht wieder das Ego aufblasen kann.

Im Fall des Hasses sind wir gefangen in einer beengten Sicht des anderen, die uns selber eng werden lässt – können wir frei atmen, wenn wir hassen? Scheinbar stärkt uns der Hass, weil er eine todbringende Kraft in sich hat. Hass will das störende Andere, in letzter Konsequenz den Anderen als Person vernichten. Doch ist das eine Kraft, die sich gegen uns selber richtet. Denn in Wirklichkeit löschen wir die Liebe in uns aus und schneiden uns damit von der Kraft ab, die uns nährt und wachsen lässt. Hass verbittert und verkrampft den Hassenden.

Wenn wir dagegen in stolzer Selbstgefälligkeit baden, strecken wir uns scheinbar über uns selbst hinaus und können dann erst recht nicht frei atmen, wir halten gewissermaßen die Luft in uns fest, damit wir über den Dingen und anderen Menschen schweben können. Die Kraft, die wir dabei spüren, ist geborgt von unseren Reserven und reicht nur für begrenzte Zeit. Bleiben wir zu lange in der Überstreckung der Selbstgefälligkeit gefangen, werden wir schnell kollabieren, wenn uns die Wechselfälle des Lebens mit unangenehmen Herausforderungen konfrontieren.

Wir verhalten uns wie die Menschen in dem Roman „Der futurologische Kongress" von Stanislaw Lem. Dort ist alles verrottet und verkommen, doch die Regierung hat überall eine Duftdroge verstreut, die bewirkt, dass sich bei allen die Wahrnehmung so verzerrt, dass sie die zerfallenen und verschmutzten Dinge als wunderschön sehen. In Bezug auf uns selber neigen wir dazu, die gestörten Anteile schönzufärben, und in Bezug auf andere machen wir das Gegenteil, wir überzeichnen deren störende Anteile und ignorieren ihren heilen Kern. Die Droge, der wir dauernd unterliegen, ist unsere krankhafte Selbstbezogenheit und Selbsttäuschung, genauso wie wir uns dauernd über die anderen täuschen, sei es im Hass oder in der Selbstidealisierung.

Das Herz zu reinigen, erfordert die Konsequenz und Disziplin in der Innenschau: Unsere eigenen Schwächen anzuerkennen und ins Herz zu nehmen, wo sie sich mit der Kraft der Liebe in Stärken verwandeln. Die Innenschau kommt an kein Ende, weil jede neue Herausforderung des Lebens unsere Schattenaspekte aktiviert. Sie kann jedoch durch Übung verbessert und erleichtert werden. Der Genuss eines gelungenen Heilungsschrittes liegt im darin erfahrbaren Wachsen der Kraft des Herzens und in der Vertiefung der Beziehung zu uns selbst.

Übung für den Tag:

Spüre ehrlich in dir nach, was du als unsauber und unrein an deinem Verhalten wahrnehmen kannst. Du musst dich dafür nicht schämen, sondern kannst offen zu deinen Fehlern und Schwächen stehen, indem du dabei bedenkst, dass kein Mensch perfekt und makellos sein kann und muss. Sei auch ehrlich zu dir selbst mit der Antwort auf die Frage, was du wirklich ändern willst. Dann spüre die Kraft deines Herzens für die Änderungsschritte, die du setzen willst. Es hilft, wenn du sie notierst und dich für jeden Schritt der Änderung anerkennst.

Geh durch den Tag mit dem Willen, auf Gedanken zu achten, die mit Hassgefühlen verbunden sind. Achte darauf, ob es äußere Wahrnehmungen gibt, die sie auslösen. Versuche dann, diese Gefühle mit einem weiten Gefühl von Menschlichkeit zu umgeben, getragen von dem Gedanken, dass jedes Wesen seinen unschätzbaren Wert hat. Achte dabei darauf, dass du den Hass nicht wegschicken musst, sondern dass du warten kannst, bis er sich von selber auflöst.

18. Tag: Das Tor zum Mut
Stelle dich der Selbsterkenntnis

Ich aber erkenne gern stets in mir selber die Hauptursache des Guten oder Bösen, das mir zustößt.

Giacomo Casanova

Ich ehre den Platz in dir, in dem das gesamte Universum residiert.

Mahatma Gandhi

Im Kleinsten ist das Größte mit all seinen Details enthalten. Alles um dich herum ist auch mehr oder weniger in dir drinnen, die angenehmen und die unangenehmen Aspekte der Wirklichkeit, die guten und die schlechten. Deshalb wirst du auch das Böse in dir finden, wenn es dir von außen begegnet, und da kannst du es nutzen, um dir selber näher zu kommen.

Das holographische Geheimnis, das die Mystiker aller Zeiten verkündet haben, kann uns Angst machen. Alles soll in mir sein, dieses riesige Universum, diese Unmenge an Informationen, diese breite Palette an Gefühlen, Motiven, Ideen und Einstellungen? Alles zwischen dem besten Guten und dem schlimmsten Bösen? Wie soll ich damit je zurechtkommen, wie soll ich mich in diesem Universum jemals selbst finden? So Vieles möchte ich los werden und vergessen, so Vieles lastet mir schon auf der Seele und im Verstand, ich will endlich Ruhe und mich nur um meine Sachen kümmern.

Es geht hier nicht um Theorien über die Welt und die Menschen, sondern um die Frage: Wie können wir Menschen uns von unserem Leiden befreien und wie kann daraus ein besseres Zusammenleben der Menschen entstehen?

Für uns aufgeklärte oder nachaufklärerische Menschen fällt der Einstieg in eine mystische Thematik, deren Stimmigkeit wir vielleicht intuitiv annehmen, leichter, wenn wir sie als Arbeitshypothese verstehen: Wir wenden die These versuchsweise an, so, als würde sie richtig sein, und halten uns im Hinterkopf die Möglichkeit offen, sie zu revidieren oder zu verwerfen, wenn sie nicht funktioniert. Was würde das für unsere Wahrnehmung und unsere sozialen Interaktionen bedeuten, sollte das ganze Universum in uns enthalten sein?

Wenn also alle Phänomene und Spielarten zwischenmenschlichen Verhaltens in uns gefunden werden können, wenn uns (nach Cicero) „nichts Menschliches fremd" ist, bedeutet es, dass uns andere Menschen einen Spiegel vorhalten in ihrem uns störenden Verhalten. Was uns an anderen aufregt, zeigt uns, worüber wir uns aufregen, zeigt uns also, womit wir in der Welt nicht zurechtkommen, zeigt uns folglich, wo unsere eigenen Unzulänglichkeiten liegen. Wenn uns der Geiz von jemand anderem ärgert, heißt das, dass wir Geiz kennen, und wir kennen nur etwas, was in uns selber vorhanden ist. Dass uns etwas, was es in uns gibt, ärgert, bedeutet, dass wir damit nicht produktiv oder kreativ umgehen können, sondern nur abwehrend und verdammend.

Wieder liegt unsere Chance zum Wachsen darin, dass wir Bewusstheit schaffen: wir nutzen die Arbeitshypothese, dass uns andere einen Spiegel vorhalten, sobald wir uns über sie ärgern oder ihr Verhalten ablehnen. So können wir den Blick umlenken von außen nach innen und finden dort unentdeckte verborgene Aspekte unseres Selbst. Dabei kommt uns der Teufel zu Hilfe.

Es braucht jedoch keinen Teufel als Urheber. Wir kennen unsere Neigungen, Böses zu tun und darauf zu vergessen, Gutes zu tun. Sobald das geschieht, ist der eigentliche Teufel am Werk, unsere Unvollkommenheit, die alltägliche und vertraute Stimme der Selbstverstricktheit, nicht mehr und nicht weniger.

Das bedeutet aber auch, dass die eigentliche Macht über uns in uns selber liegt. Können wir uns folglich in jedem Moment entscheiden, dem Teufel oder der Liebe zu folgen? Wenn wir näher in uns hineinleuchten, werden wir vielleicht erkennen, dass wir eigentlich nie bewusst und überlegt die Entscheidung für den Teufel treffen, sondern dass es in uns etwas gibt, das scheinbar nicht in unserer Gewalt ist und doch unsere Handlungen lenkt. Nachher wachen wir auf und sagen uns: Da hätten wir uns anders verhalten sollen. Wir bekommen z.B. einen Wutanfall, weil jemand ungerecht zu uns ist und werden dabei allzu leicht noch ungerechter als wir selbst behandelt wurden. In der Wut fühlen wir uns voll im Recht, ohne sagen zu können, dass wir sie absichtlich herbeigeführt hätten. Nachher tut es uns leid, und wir geben uns die Schuld für unser ungebührliches Verhalten.

Wir sind also wieder herausgefordert, in uns zu schauen, um die Tiefe unseres Herzens, unsere Mördergrube zu erkunden. Dazu braucht es die Kräfte der Ehrlichkeit, der Konsequenz und des Mutes. Schließlich konfrontieren wir dabei niemand geringeren als den Teufel, und mit dem lässt sich meist schlecht spaßen. Doch lebt dieser innere Teufel nur dadurch, dass er sich gut verstecken und maskieren kann. Sobald wir ihm die Maske wegreißen und ihm ins Angesicht widerstehen, schwindet er mit seiner dunklen Macht dahin.

Mit jedem Sieg, den wir in dieser Auseinandersetzung erringen, gewinnen wir an innerer Freiheit und Bewusstheit dazu und erweitern wir das heile Land in uns, in dem Milch und Honig fließen.

Übung für den Tag:

Schließe die Augen und denke an eine Person, mit der du in letzter Zeit Schwierigkeiten hattest, einen Streit, eine Meinungsverschiedenheit, eine unangenehme Erfahrung. Spüre die Verletzung, die die Erfahrung in dir hinterlassen hat und umhülle sie mit sanftem hellem Licht. Welche Eigenschaft der anderen Person hat dich betroffen und gestört? Was findest du von dieser Eigenschaft in dir selber, z.B. wenn du die andere Person als überheblich und rechthaberisch erlebt hast: Wie lebst du deine eigene Überheblichkeit und Rechthaberei? Wie und wann hast du selber Menschen mit dieser Haltung verletzt? In Gedanken, bitte diese Menschen um Verzeihung für das, was du ihnen aus Unbewusstheit heraus angetan hast, und verzeihe dir selbst diese Unbedachtheit. Erinnere dich daran, dass du nicht vollkommen sein musst und dass du zugleich beständig an deiner Vervollkommnung arbeitest und lernst.

Nimm dir für diesen Tag vor, in möglichst vielen Erfahrungen, die dir begegnen, dich selber, also Aspekte von dir zu finden, in den schönen und den schwierigen Erfahrungen, die dieser Tag für dich vorbereitet hat. Nimm all die Seiten, die du entdeckst, als Hinweise auf deinen inneren Reichtum.

19. Tag: Das Tor zum Selbst
Sei liebevoll zu dir selbst

Alle Liebe dieser Welt ist auf Eigenliebe gebaut.

Meister Eckhart

Wer sich selbst mag, vermag auch andere zu mögen.

Ernst Ferstl

Die anderen zu verändern, ist vergeudete Liebesmüh. Suche stattdessen immer den Anfang bei dir selber: Sei freundlich zu dir selber. Die Freundschaft zu dir selber wird dir Freundschaft von anderen bringen. Irgendwann wirst du erkennen, dass du dankbar bleiben kannst, wenn du lieblos behandelt wirst, weil du auch damit etwas an dir verändern kannst.

Es ist eine vornehme Aufgabe, die Liebe zu sich selbst zu stärken. Denn mit der Kräftigung der Selbstliebe bauen wir unsere Abhängigkeit davon ab, was wir von anderen kriegen und werden weniger bedürftig und anspruchsvoll. Vielmehr sind wir bereiter, bedingungslos zu geben und für andere da zu sein.

Wie soll das nun gehen? Es gibt doch so vieles, was nicht in Ordnung ist mit uns selbst, wie sollen wir uns da lieben? Schon wieder haben wir etwas Wichtiges vergessen – sollen wir uns dafür lieben? Schon wieder ist unser Temperament mit uns durchgegangen und wir haben uns mit jemandem überworfen. Schon wieder haben wir Zeit unnütz verplempert. Schon wieder haben wir vergessen, die Herdplatte abzudrehen und das Essen samt Kochgeschirr ist verkohlt. Und so weiter... Ein riesiger Haufen von Fehlern, Schwächen, Versagen häuft sich Tag für Tag an und zeigt uns, wie unvollkommen wir sind. Und dazu noch, was schon alles schiefgelaufen ist im eigenen Leben, all die Tage und Jahre zurück...

Wie also sollen wir uns angesichts dieser erdrückenden Beweislage, die gegen uns spricht, selbst lieben? Gerade die Missgeschicke und Verfehlungen, die uns unterlaufen, sind besondere Gelegenheit, uns anzunehmen statt uns fertig zu machen. Wenn wir zurückdenken, wie wir noch ein Kind waren – und wo wir so viel falsch gemacht haben: Natürlich sind wir dafür gescholten worden, damit wir es besser lernen. Aber hätten wir uns nicht gewünscht, dass wir auch geliebt werden, wenn uns ein Fehler unterlaufen ist? Erst langsam haben wir gelernt, dass es Situationen gibt, in denen wir keine Liebe kriegen, und dass wir durch unser Fehlverhalten selbst daran schuld sind. Erst langsam haben wir gelernt, dass Liebe von Bedingungen abhängt. Und lange haben wir das nicht glauben können, weil wir auf die Welt gekommen sind mit einer bedingungslosen Liebe für diese Eltern, die uns das Leben geschenkt haben.

So haben wir uns bemüht, unser emotionales Überleben durch Anpassung zu sichern. Wie wir das als Kinder erlernt haben, haben wir gleichzeitig unsere Fähigkeit, uns selbst zu lieben, verlernt. An die Stelle der Selbstliebe sind Selbstkritik und Selbstabwertung getreten. Wir haben einen unbarmherzigen und unerbittlichen inneren Nörgler in uns aufgerichtet, der uns gleich eine über die Finger gibt, wenn wir nur den geringsten Fehler machen. Wir fangen sofort an, uns selbst zu beschimpfen, wenn etwas schief gelaufen ist, bevor uns noch die anderen abwerten können. Jedes Mal, wenn das passiert, krümmt sich etwas ein in uns selbst, macht uns kleiner, reduziert unseren Atemraum und unser Lebendigkeitsvolumen.

So treten wir der Welt und den anderen Menschen gegenüber, mehr oder weniger verkrümmt und verkleinert. Dann sollen die uns lieben, aus ihrer eigenen Verkrümmung und Verkleinerung heraus? Ein äußerst unwahrscheinliches Vorhaben, wie Blinde, die sich die Farben erklären wollen. Wieder bestätigen wir uns, wir sind nicht liebenswert, weil wir so fehlerhaft sind. Das Weltbild ist fertig und abgesiegelt: Die Liebe, die wir bräuchten, gibt es nicht, und wir müssen uns mit dem Bisschen an Liebe, das wir da oder dort kriegen, zufriedengeben. Und zumindest verschafft es ab und zu ein wenig Erleichterung, wenn wir jammern oder andere für unser Unglück verantwortlich machen.

Aus diesem Korsett können wir nur entkommen, indem wir den Spieß umdrehen und bei uns selber anfangen. Wir müssen unsere Verwundungen aus der Kindheit heilen, schließlich können wir ja auch körperlich nur gesund werden, wenn wir alle Entzündungsherde in uns befriedet haben. Heilen heißt, die Lieblosigkeiten von damals durch Liebe im Jetzt zu ersetzen. Dann wächst unsere Selbstliebe und wir finden zurück zu unserer Unversehrtheit und Unschuld. Wir reagieren bei Fehlern des Alltags mit Gelassenheit statt mit Stress und Selbstverurteilung.

Das bedeutet nicht, dass wir unseren eigenen Fehlern gegenüber blind werden. Selbstliebe ist nicht gleich Selbstüberschätzung oder Selbstgefälligkeit. Kinder, die von ihren Eltern ausreichend Liebe empfangen haben, werden nicht eitel und selbstsüchtig, sondern liebevoll und verständnisvoll, gerade weil in einer guten Erziehung ihre Unzulänglichkeiten benannt wurden. Achtsame Eltern machen ihre Kinder auf Fehler und Schwächen aufmerksam, aber in einer liebevollen Weise.

Ebenso heilt die richtige Selbstliebe die Blindheit vor den eigenen Fehlern. So können wir lernen, mit uns selbst verständig und annehmend umzugehen. Wir nehmen dann unsere Fehler ernst, werten uns deshalb aber selbst nicht ab, sondern erkennen Fehler als Chancen zum Lernen und Verbessern.

Übung für den Tag:

Schließe die Augen und stelle dir ein Wesen vor, von dem du dich geliebt fühlst. Das kann jemand aus deinem Umkreis sein, eine verstorbene Person oder eine andere Wesenheit, wie ein Engel oder ein Naturwesen. Stell dir vor, wie Licht aus diesem Wesen zu dir strömt und dich sanft einhüllt. Das Licht durchdringt allmählich alle Aspekte und Bereiche deiner Person. Lass dir Zeit, bis sich alles in dir erhellt und entspannt hat. Stell dir dann vor, dass dieses Wesen auf dich zukommt, und, ganz in der richtigen Zeit, mit dir verschmilzt. Sage zu dir selbst: „Ich akzeptiere und liebe mich voll und ganz." Wenn du in dir Widerstände gegen diesen Satz wahrnimmst, wiederhole ihn, bis es leicht und stimmig geht.

Wenn du dich durch den Tag bewegst, erinnere dich immer wieder daran, dass es darum geht, dich selbst voll und ganz zu akzeptieren und zu lieben. Sei besonders dann gütig zu dir selber, wenn du einen Fehler begehst und finde gute Gelegenheiten, dich anzuerkennen.

20. Tag: Das Tor zum Vertrauen
Sei der Fluss

Der höchste Mensch ist wie das Wasser, das fließt, ohne Formen anzunehmen.

Dschuang Dsi

Du brauchst nicht darüber nachdenken, wohin dich dein Weg letztlich führen wird. Du kannst es ohnehin nicht wissen, denn die Zukunft ist voller Rätsel. Achte stattdessen auf deinen nächsten Schritt. Dafür bist du verantwortlich. Dann kannst du dich dem überlassen, was von sich aus geschieht, bis du wieder dran bist, einen Schritt zu setzen. Lass dich nicht mit dem Strom treiben, sondern werde eins mit dem Strom deines Lebens.

Wir hängen uns manchmal an Erwartungen, möglichst weit in die Zukunft hinein, bis uns schwindlig wird. Wir denken: Wenn wir wissen, wie es in zwei, fünf oder zehn Jahren sein wird, können wir jetzt die richtige Entscheidung treffen. Doch je weiter wir in die Zukunft schauen, desto unsicherer wird das Terrain. Wenn du den Rauch anschaust, der aus einem Räucherstäbchen strömt, merkst du, dass er die erste Strecke, ein paar Zentimeter, gerade nach oben geht, und dann kräuselt er sich in immer neuen Mustern. Das ist ein Beispiel aus der Chaostheorie, die beweisen konnte, dass es über diese erste kleine Strecke hinaus keine Möglichkeit gibt, im Vorhinein zu berechnen, was dann folgt, ein Kräuseln in die eine oder die andere Richtung, größer oder kleiner, schneller oder langsamer usw.

Ähnlich geht es uns mit unserer Zukunft. In nächster Nähe scheint alles überschaubar. Entfernt sie sich weiter von uns, so wird sie unschärfer und ungewisser und verläuft sich schließlich in der Unvorhersehbarkeit. Aber der Drang ist stark in uns zu wissen, was dann sein wird. Also suchen viele Leute Wahrsager und Hellsichtige auf, die weissagen sollen, was irgendwann sein wird. Sie machen das, obwohl sie zumeist wissen, dass es Prophezeiungen an sich haben, manchmal zuzutreffen und manchmal nicht. Und niemand kann von vornherein wissen, welche dieser Aussagen die zutreffenden sind und welche unter die Fehlerquote fallen.

Es hilft also nichts, wir müssen uns auf das Mysterium Zukunft einlassen. Je weniger unsere Erwartungen konkret in unserem Kopf ausformuliert sind, desto leichter können wir annehmen, was die Zukunft mit uns vorhat. Die lineare Zeit als Dominante der Zeitwahrnehmung ist eine Errungenschaft der jüngeren Zeit. Bei Völkern und Stämmen, die in engem Kontakt mit der Natur leben, herrscht ein zyklisches Denken vor, das frei von Wertungshierarchien ist. Der Frühling ist bloß anders und nicht besser als der Sommer, und die beständige

Abfolge dieser Jahreszeiten ist eine der verlässlichen Ordnungen der Welt.

Je weiter wir uns aus dieser Lebens- und Bewusstseinsform herausentwickelt haben, desto größer wird unser Möglichkeitsraum, desto Unterschiedlicheres könnte in der Zukunft passieren, desto mehr Erwartungen und Planungen müssen wir entwerfen, und desto mehr könnte geschehen, was diese Erwartungen und Planungen durchkreuzt. So sehen wir uns gezwungen, uns noch mehr mit der Planung der Zukunft zu beschäftigen, indem wir alle dort lauernden Risiken zeitgerecht auszuschalten oder zu umgehen trachten. Und zugleich gelingt es uns weniger als je zuvor, diese Zukunft zu kontrollieren, wegen ihrer Komplexität, die schneller zunimmt, als wir mit dem Planen nachkommen.

Deshalb machen wir uns Sorgen. Was könnte sein, wenn das oder jenes eintreten würde? Scheinbar haben die Sorgen den Sinn, uns für mögliche Wechselfälle des Lebens zu wappnen. Wir glauben, dass wir besser für die Zukunft gerüstet sind, wenn wir alle möglichen Schwierigkeiten im Voraus durchdenken. Mit der Vorwegnahme von Problemen der Zukunft erschaffen wir uns allerdings Ängste in der Gegenwart. Zum einen nehmen wir mögliche Katastrophen vorweg, die noch nicht eingetreten sind, und zum anderen spüren wir die Hilflosigkeit, jetzt nichts tun zu können, um sie zu verhindern.

Wenn wir den Schritt von den Ängsten in die Weisheit wagen, heißt das, dass wir uns der Wirklichkeit und ihren Herausforderungen anvertrauen. Wir akzeptieren, dass sich die Wirklichkeit nicht kontrollieren lässt und sich unseren Erwartungen gegenüber verständnislos und gleichgültig verhält. Deshalb ist es ratsam, auf das Vorausschauen soweit zu verzichten, soweit uns das eben möglich ist. Dort, wo es nicht möglich ist, hält uns eine innere Angst in ihrem Bann. Wenn wir das anerkennen, können wir diesen Bann schwächen und mehr von dem Vertrauen in das Fließen des Lebens zulassen. Das erleichtert uns den Umgang mit Situationen, in denen das Leben etwas anderes für uns vorgesehen hat als wir geplant hatten.

Weisheit verträgt sich gut mit Klugheit. Diese wird uns auf das notwendige Maß an Vorsorge aufmerksam machen, ohne dafür Ängste zu mobilisieren. Es ist gut, vorausschauend die eigenen Grundbedürfnisse abzudecken, indem wir z.B. Vorräte anlegen oder uns beim Wandern vor möglichem Schlechtwetter schützen oder für unser Alter vorsorgen.

Das Leben fließt, gleich ob wir ihm vertrauen oder nicht. Es nimmt uns mit und trägt uns, ob wir vermeinen, das Steuerruder in den Händen zu haben, oder ob wir bemerken, dass die steuernden Bewegungen unserer Hände selber Teil des Fließens sind. Wenn uns das bewusst wird, sind wir eins mit dem Fluss und nichts kann uns mehr beunruhigen, nichts kann uns mehr belasten.

Übung für den Tag:

Schließe deine Augen und stelle dir deine Zukunft wie einen Weg vor dir vor. Verbinde jetzt das Bild dieses Weges mit dem Bild eines gemächlich und ruhig dahinfließenden Wassers. Kannst du dich diesem Fließen anvertrauen? Wenn nicht, was brauchst du, um dieses Vertrauen aufzubringen, dich ganz dem Fließen zu überlassen? Stell dir vor, dass du dieses Vertrauen in dir aufbauen kannst, bis es dir möglich ist, in deiner Vorstellung in deine Zukunft zu fließen und schließlich mit dem Fluss eins zu werden.

Du kannst dir dieses Bild des Fließens in deinen Tag mitnehmen. So oft es dir gelingt, stelle dir vor, in dieser fließenden Vorstellung von einem Moment zum nächsten zu gleiten, gleich, was du gerade tust, so, als gäbe es keine Unterschiede mehr zwischen dem einen und dem anderen.

21. Tag: Das Tor zur Vielfalt
Feiere die Verschiedenartigkeit

Ein jeder trägt eine produktive Einzigkeit in sich, als den Kern seines Wesens; und wenn er sich dieser Einzigkeit bewusst wird, erscheint um ihn ein fremdartiger Glanz, der des Ungewöhnlichen.

Friedrich Nietzsche

Du musst einzigartig und anders sein und auf deine eigene Art glänzen.

Lady Gaga

Wir sind alle verschieden und einzigartig. Jeder geht anders seinen Weg entlang, jedes Herz schlägt in einem anderen Rhythmus. Wenn du die Unterschiede unter den Menschen geringschätzst und anderen deine Ideen und Vorstellungen aufdrängst, wertest du die Vielfalt der Wirklichkeit ab, statt sie zu genießen und zu feiern.

Wie unendlich vielfältig und unerschöpflich ist die Kreativität in der Welt, die uns umgibt! Allein wenn wir unsere eigene Individualität vorurteilsfrei betrachten, können wir erkennen, welch einzigartiger Beitrag zur Mannigfaltigkeit und Schönheit dieser Welt wir sind. Das sollten wir uns immer bewusst machen, wenn wir anfangen, an uns zu zweifeln oder wenn wir den Zweifel, den andere an uns haben, übernehmen. Das heißt nicht, dass wir fehlerfrei und makellos sind. Wir sind einmalige sich entwickelnde Wesen, die lernen und integrieren, die lernen und integrieren, solange Leben in uns ist. Wir sind Projekte im Werden, bis zuletzt.

Sicher tun wir uns schwer (und das ist ein wichtiger Bereich des Lernens), alle Aspekte dieser Schöpfung wertzuschätzen, vieles tritt uns entgegen, das so offensichtlich unserem Geschmack, unserer Empfindlichkeit und unserem Lebensplan widersteht. Wir reiben uns da und reiben uns dort, und unsere eigenen Kanten werden dadurch schärfer. Unsere Individualität gewinnt an Kontur, die Unterschiede zu den anderen werden deutlicher.

Die Kehrseite dieser Medaille ist das Anpassen und Angleichen an andere. In den vielfältigen sozialen Interaktionen, in denen wir uns bewegen, stellen wir uns häufig auf unsere Gegenüber ein. Unser Unterbewusstsein gibt uns vor, wie wir uns verhalten sollen, damit uns die anderen wohlgesonnen sind. Wir nehmen unsere eigenen Impulse zurück, damit wir eben nicht anecken, sondern nett und sympathisch erscheinen. Dabei machen wir Abstriche von unserer Individualität zugunsten der Übereinstimmung. Man kann das daran merken, dass die Partner einer langjährigen Ehe einander sehr ähnlich werden, oder Hundebesitzer die Verhaltensweisen ihrer Haustiere übernehmen.

Deshalb sollten wir unsere Individualität nicht als feststehende Größe sehen, sondern als ein Konstrukt, das sich dauernd verändert, eine vorgefasste Idee, die keine feste

Größe hat. Wir machen Annahmen darüber, wer oder wie wir sind, die schon im nächsten Moment nicht mehr stimmen können. Die Art und Weise, wie und wann wir solche Annahmen treffen, ist schon wieder Ausdruck unserer Besonderheit, die sich ebenso irgendwann verändern wird. Unsere Selbstkritik bezieht sich also auf eine Momentaufnahme, die schon längst überholt ist.

Weil wir das Problem haben, das Geheimnis unserer Individualität als Geschenk anzunehmen und als unergründliches Rätsel wertzuschätzen, neigen wir dazu, anderen unsere Eigenart aufzudrängen, indem wir z.B. annehmen, andere müssten so denken oder handeln wie wir selbst. Oder indem wir andere kritisieren für die Art und Weise, wie sie denken oder handeln. Oder indem wir anderen vorschreiben wollen, wie sie denken oder handeln sollten. Und so weiter...

Wir gehen auf der Straße, es ist eng, jemand geht vor uns, aber zu langsam für unser Tempo. Sofort kommt die innere Stimme, die diese Person schlecht macht, weil sie nicht so geht, wie es für uns am besten passt. Wenn wir stattdessen den Gedanken zulassen, dass die andere Person vielleicht gerade mehr Muße hat als wir uns selbst gerade gönnen, anerkennen wir die Individualität dieser Person und machen uns selbst lernwillig, bereit, von anderen etwas aufzunehmen, und erkennen in dieser Offenheit ein Stück von unserer eigenen Besonderheit.

Oder wir sind in einer ähnlichen Situation, nur müssen wir uns gerade nicht beeilen, jedoch jemand hinter uns will uns überholen und wir lehnen diese Person gleich als Drängler ab. Wir können einen anderen Kontext erfinden, dass uns z.B. diese Person erlaubt, unsere Flexibilität zu schulen und unsere Fähigkeit zum Ausweichen herausfordert. Schon anerkennen wir die andere Person in ihrer Berechtigung, so zu sein, wie sie ist, und geben uns selbst ein Beispiel für unsere Individualität und Veränderungsfähigkeit.

Im Zulassen unserer Beweglichkeit öffnen wir unser Blickfeld. Die komplexe Welt der Menschen in ihren verschiedenartigen Beziehungsnetzen und Lebenswegen können wir dann als Bereicherung sehen, statt sie als Behinderung und Einschränkung abzuwerten. Immer wenn uns das Staunen gelingt, können wir eine innere Erleichterung spüren, ein Weiten für ein größeres Ganzes, über unser begrenztes Denken hinaus, das ja nur ein winziger Teil der Besonderheit ist, die wir sind.

Richten wir die Aufmerksamkeit auf unseren Körper, so können wir uns für die Vielfalt seiner inneren Vorgänge und Prozesse öffnen. In jedem Moment verändert sich etwas, in jedem Moment wird etwas neu. Und alles davon drückt aus, wie und was jeder von uns ist: Ein grenzenloses Wunder, ein einmaliges Geschöpf, das sich in jedem Moment zu neuem Leben erweckt.

Übung für den Tag:

Schau dich in den Spiegel und nimm dich wahr, so wie du bist, jetzt gerade, in diesem Moment. Lass dabei alle Bewertungen los, die du vermutlich gewohnheitsmäßig anstellst, wenn du dich selbst betrachtest. Entdecke Details an dir, die du noch nie wahrgenommen hast. Betrachte die unterschiedlichen Strukturen deiner Haut, die feinen Härchen, Linien im Gesicht usw. Sieh dich als einzigartiges, unvergleichliches Geschöpf, wie eine besondere Blume, ein schöner Stein oder eine zauberhafte Vogelstimme. Sag ein klares und einfaches Ja zu dir selber.

Wenn du anderen Menschen begegnest: Erkenne, was du an ihnen einmalig und besonders finden kannst. Wenn du eine Kritik oder Abwertung über andere in dir wahrnimmst, halte nicht daran fest, sondern öffne dich für das Wunder, das der andere Mensch ist. Sieh das Große im Kleinen, das Feine im Groben und das Freie im Bedrückten.

22. Tag: Das Tor zum Frieden
Sei ganz bei dem, was du gerade tust

Bewahre zuerst Frieden und Ordnung in dir selber, dann magst du auch Frieden und Ordnung in andern herstellen.

Thomas von Kempen

Was immer wir tun, hat zweierlei Gesichter. Das, was in unserem Tun geschieht, ist das eine, das, was dabei in unserem Inneren abläuft, das andere. Wir können bei allem, was wir tun, mit unserem Herzen dabei sein. Dann wird alles, was wir tun, reich an Wert und Bedeutung.

Manchmal erleben wir uns selbst so, als wäre unser Tun ein Funktionieren. Wir sind zwar aktiv, aber nicht richtig bei der Sache. Es ist, als würde uns eine Macht antreiben, die unserem Einfluss entzogen ist. Wir fühlen uns nicht frei, sondern unter Druck. Wir verwenden dann gerne das Wort „Müssen“, um unserem Zustand Ausdruck zu verleihen: Als hätten wir dem, was wir gerade tun, selber gar nicht zugestimmt, sondern führten nur aus, was andernorts beschlossen worden ist. Währenddessen bemüht sich unser Denken, alles zu mobilisieren, dass wir so bald wie möglich mit der Tätigkeit aufhören können, um endlich wieder einmal frei zu sein. Wir können diesen Zustand als Funktionsmodus bezeichnen.

Ein anderes Mal ergeht es uns so, dass wir ganz bei dem sind, was wir gerade tun. Wir sind eins damit und erleben uns fließend: Fließend im Fortgang dessen, was wir tun, und fließend zusammen mit dem, was gerade abläuft. Es ist auch ein Zustand, in dem wir uns auch nicht selber als Urheber oder Ausgangspunkt unseres Tuns erleben. Vielmehr spüren wir uns als Teil des Prozesses, gestaltend eingebunden in die Abläufe. Wir fühlen uns frei mit dem besonderen Geschmack, der im kreativen Tun enthalten ist. Es gibt nichts Besseres, als das, was wir gerade tun. Wir verschwenden keinen Gedanken daran, wann wir fertig sein werden oder was nachher geschehen wird. Wir sind ausgefüllt mit dem, was sich gerade in diesem Moment durch uns hindurch verwirklicht. Wir sind im Flussmodus.

Wenn wir den Unterschied zwischen den beiden Formen betrachten, wird uns klar, dass wir weniger vom Ersten und mehr vom Zweiten wollen. Wir haben vielleicht schon andere Menschen beneidet, von denen wir annehmen, dass sie ihr Leben ausschließlich in diesem kreativen Mit-dem-eigenen-Tun-Verschmolzensein verbringen. Wir haben uns vielleicht in diesem Zusammenhang selbst abgewertet oder getadelt – ein ungenügendes Leben zu führen, uns von uns selbst zu entfremden, nicht das zu tun, was uns entspricht, unserer Lebensaufgabe nicht gerecht zu werden usw.

Sollen wir also einen anderen Beruf ergreifen, sollen wir unsere Freizeit anders gestalten, damit wir mehr im Einklang mit uns selber leben, damit unser Herz mehr bei den Tätigkeiten ist, mit denen wir unseren Tag füllen? Stehen äußere Veränderungen an, die unsere Lebensqualität verbessern könnten?

Es ist immer gut, auf die Umstände und Zusammenhänge zu schauen, die unser Leben strukturieren. Diese sind nie statisch, auch wenn wir es uns so erscheinen mag. Vielmehr sind sie voller Möglichkeiten. Wo können wir uns einmischen, damit die Entwicklung, in der wir uns befinden, auch unseren Stempel trägt, unseren persönlichen Beitrag enthält? An welchen Punkten ist es wichtig, dass wir Unterschiede einbringen und neue Orientierungen verfolgen? Was sollte und was kann sich ändern, dass die Bereiche des „Müssens“ und „Funktionierens“ kleiner werden? Wo sind mein Engagement und meine Initiative gefragt?

Wichtiger aber als der Blick auf die Umstände (den wir gleichwohl nie vergessen dürfen) ist der Blick nach innen. Denn es ist unser Inneres, das darüber entscheidet, wie wir das Äußere erleben. Es ist unser Inneres, das auf äußere Erwartungen mit der Herstellung von Druck reagiert und aus einem Tun ein „Müssen“ erzeugt. Es ist eine innere Stimme, die uns antreibt. Diese Stimme ist genährt von Ängsten, die in unserer Seele schlummern. Diese sind es, die uns zwingen, uns von uns selber zu entfernen.

Und wir können die Orientierung umdrehen. Wir haben die Fähigkeit, uns mit allem zu verbinden, was wir gerade tun. Es ist nicht die Tätigkeit, die uns von uns selber wegbringt, es sind auch nicht andere Menschen, wenn sie etwas von uns verlangen oder erwarten. Alles, was wir tun, kommt aus uns, und es liegt immer in unserer Wahl, ganz mit dabei zu sein, oder ganz davon getrennt. Wir können allem, was wir tun, eine besondere Bedeutung geben, ob uns das Tun vordergründig Spaß macht oder uns lästig und anstrengend erscheint. Wir können dem Widerspenstigen in unserem Tun eine besondere Aura verpassen. Dann fließen wir sogar damit zusammen, um unser Leben noch mehr als Einheit zu erleben, ohne Druck und ohne Fragezeichen.

Wir entfernen alle Markierungen, die wir sonst auf unsere Tätigkeiten heften: Wichtig – unwichtig, besonders – banal, interessant – langweilig, wertvoll – nebensächlich usw. Wir lassen alle Bewertungen weg und tun einfach, was zu tun ist, und gehen voll darin auf. Wir fließen mit dem Leben.

Übung für den Tag:

Besinne dich auf Tätigkeiten in deinem Leben, die du machen „musst". In welcher Weise stimmst du diesen Handlungen zu, und wie fühlen sie sich an, wenn du das „Müssen" durch ein „Wollen" ersetzst? Notiere ein paar Tätigkeiten, die ganz unten auf deiner Spaßliste stehen, die also den geringsten Fun-Faktor haben, die aber dennoch gemacht werden müssen. Wie könntest du deine Einstellung zu diesen Aktivitäten ändern, sodass du sie auf besondere Weise wichtig und bedeutsam oder zumindest als einfach und leicht erleben kannst?

Nimm dir für diesen Tag vor, immer wieder das, was du gerade tust, mit einem besonderen Sinn und einer speziellen Liebe zu tun, so, dass es etwas ganz Besonderes ist, auch und gerade wenn es alltägliche Routinehandlungen sind oder Verrichtungen, die dir nicht leicht von der Hand gehen oder innerlich widerstreben. Versuche dich in jeder dieser Handlungen bewusst wahrzunehmen.

23. Tag: Das Tor zum Abenteuer Schwinge zwischen Mitte und Rand

Wer nicht die Berge besteigt, kennt die Ebene nicht.

Östliche Weisheit

Ich glaubte, es wäre ein Abenteuer, aber in Wirklichkeit war es das Leben.

Joseph Conrad

Unser Leben hat Extreme, und manchmal müssen wir an seine Ränder gehen. Vielleicht finden wir dort einen Abgrund, vielleicht ein unendliches Feld. Wenn wir dort zu lange bleiben, kann es sein, dass wir auf unsere Mitte vergessen. Deshalb ist es gut, immer wieder zu schauen, wo wir gerade sind: In einem Randbereich unserer Seele oder in der Mitte, ganz bei uns selbst.

Wir richten es uns gerne in unserer Komfortzone ein. Was uns vertraut ist, macht uns sicher. Doch können wir nicht verhindern, dass wir aus dieser Zone geworfen werden und uns plötzlich in einer Extremsituation wiederfinden: Eine Krankheit zwingt uns ins Bett, eine seelische Krise lässt uns am Leben verzweifeln, ein Schicksal, das einem Nahestehenden zustößt, bringt uns um den Schlaf.

Oder aber: wir halten es nicht mehr gut aus in unserem behaglichen Zentrum, etwas in uns will ausbrechen aus der Routine und Bequemlichkeit und sucht das Abenteuer. Wir wollen einen Berg besteigen oder ein Meer durchqueren. Manchmal geschieht das, indem wir unbewusst Dramen erschaffen, die uns an die Grenzen unserer nervlichen Belastbarkeit führen, manchmal planen wir bewusst unseren Ausstieg aus einem festgefügten Zusammenhang.

Es gibt also den bewussten und den unbewussten Exodus aus der Komfortzone. Vermutlich kennen wir beide Formen des Auswanderns in vielen unterschiedlichen Gestalten. So hat jeder von uns eine persönliche Geschichte und ein persönliches Verhältnis zu Mitte und Rand, zum Zentrum und zur Peripherie seines Lebens.

Manche Menschen schwingen bedächtig und andere schnell auf der Schaukel des Lebens. Manchmal kommen Phasen, in denen die Schwünge chaotisch werden, und Phasen, in denen sie ruhig und gleichmäßig ablaufen. Aus deinem eigenen Schwingungsmuster, deinem eigenen Rhythmus kannst du etwas über deine Art erfahren, mit den Herausforderungen des Lebens umzugehen. Wo du jetzt gerade bist, kann eine besondere Bedeutung für dich enthalten.

Wenn wir uns mit größeren Schritten als üblich aus unserer Mitte hinaus bewegen, brauchen wir Mut und Zuversicht, Risikobereitschaft und Vertrauen. Sich draufgängerisch ins Unbekannte hineinzustürzen, ist nicht immer und für jeden Menschen die Methode der Wahl. Aber ohne Unsicherheit gibt es keinen Schritt aus den gewohnten Sicherheiten heraus. Nur im Aufgeben von schützenden Gewohnheiten lernen wir neue innere und äußere Räume kennen. Um zu wissen, wer wir sind, braucht es das Erkunden dessen, was wir noch nicht sind, aber sein können. Unsere Seele will sich weiten, und wir können und müssen dort mit ihr mitgehen, wo sie uns dazu drängt.

Oft sind es Ängste, die uns vom Zentrum an die Ränder treiben, oder Ambitionen, enthusiastische Ideen, und meistens beides. Es kann aber auch ganz einfach die Lust am Abenteuer, die Freude am Neuen sein, die uns aufbrechen lässt. Manchmal bringen uns Enttäuschungen wieder zurück in die Mitte, manchmal auch Erschöpfung oder aber die Genugtuung, wie beim Einbringen der Ernte: Die Erfahrung hat in sich einen runden Abschluss und ein gutes und erfüllendes Ende gefunden.

Anerkenne die Gefühle und Strebungen, die dich antreiben, woher auch immer sie kommen. Im Akzeptieren dessen, was in dir wirkt, kann es dir gelingen, die unfreiwilligen Anteile deiner Ausbruchsbewegungen mit den bewusst gewollten zu verbinden und zu verbünden, sodass du nicht getrieben, sondern frei ins Unbekannte hineingehst.

Und dann wird jedes Abenteuer zu einer kreativen Erfahrung, und jede schöpferische Aktion ein Abenteuer. Kreativität heißt Ausweitung, heißt Entfaltung und Vermehrung dessen, was da ist. Die Richtungen der Expansion können ganz verschieden sein, entsprechend der vielen Dimensionen, die wir in uns vereinen. Wir können die Welt umrunden oder ein Gedicht schreiben, eine versteckte Stelle der Wohnung reinigen oder eine fast vergessene Freundschaft wiederbeleben. Es kommt nicht auf die scheinbare Großartigkeit des Abenteuers an, sondern auf die Bedeutung, die wir ihm geben: Neues zu erschließen, worin wir selber neu werden, im scheinbar Großen wie im scheinbar Kleinen.

Es ist eine ganz wichtige Spielart der Kunst des Lebens, bei der wir lernen, uns auszuweiten, in die Spannweite hinein zu gehen, sodass wir ganz neue Räume unserer Seele umfangen können. Dazu gehört, an den Grenzen ganz in unserer Mitte sein können, und uns im Zentrum mit allen Rändern zu verbinden.

Lernen wir, die Bewegungen zu genießen, wie sie aus unserem Inneren kommen: Mal führen sie uns an einen Rand, mal in die Mitte. Und lernen wir dabei das Wechselspiel zwischen dem, was von sich aus geschieht, und dem, was wir bewusst lenken möchten, zu genießen, indem wir uns von dem führen lassen, was wir selber aus uns heraus erschaffen und in uns zulassen.

Übung für den Tag:

Schließ deine Augen und komme ganz zu dir. Nimm den Kreis deines Lebens wahr, mit allem, was er umfasst. Sieh dich selber als Zentrum dieses Kreises und spüre seine Spannbreite und seine Ränder. Gibt es eine Grenze, die es dich reizt zu überschreiten? Wie fühlt es sich an, auf diese Grenze zuzugehen und schließlich über sie zu steigen?

Während du mit dieser Vorstellung arbeitest, vergewissere dich, dass du mit dir als deinem Zentrum in Verbindung bleibst. Du kannst alles daraus mitnehmen, was du brauchst, um dich auf das Neue einzulassen.

Versuche während des Tages zu erleben, wo du an Grenzen stößt, in Erfahrungen, in Kontakten, in Situationen, in denen du nicht mehr weiter weißt oder in denen dir etwas zu viel wird. Spüre dabei, dass du vertrauen kannst, dass von selber Lösungen kommen, wo du glaubst, dass es keine mehr gibt. Du brauchst dich in solchen Momenten nur mit dir selbst in Verbindung setzen und dir Zeit geben, bis dir wieder klar ist, wie es gut weitergeht.

24. Tag: Das Tor zur Inspiration Verbinde dich mit dem Atem des Lebens

Die Seele atmet durch den Geist, der Geist atmet durch die Inspiration, und die ist das Atmen der Gottheit.

Bettina von Arnim

Kein Finden hält die Wahrheitssuche auf.

Manfred Hinrich

Der Mensch hat zu seinem Anbeginn den Geist empfangen und empfängt ihn bis zu seinem Ende. So ist er ein Botschafter des Geistes. Er muss, um wirklich leben zu können, den Ruf hören, der genau für ihn bestimmt ist. So kann er die Botschaft, für die er ausersehen ist, verstehen und für sich und für alle anderen Menschen nutzen.

Aus der Bibel ist uns das Zitat vertraut, dass Gott Adam das Leben eingehaucht hat. Der Atem dient also am Anfang der Schöpfung als Überträger der Lebenskraft. „Da machte Gott der Herr den Menschen aus Erde vom Acker und blies ihm den Odem des Lebens in seine Nase. Und so ward der Mensch ein lebendiges Wesen.“ (Gen 2). Das Geheimnis des Lebens ist gleich dem Geheimnis des Atems. Wie jedes Menschenwesen sein eigenes Leben gleich nach der Geburt mit einem Atemzug beginnt, steht der Atem am Anfang des Menschseins

Die Bibel unterscheidet damit den Beginn des menschlichen Lebens von allen anderen Schöpfungsakten und streicht die Sonderstellung des Menschen hervor: er muss beatmet werden, um leben zu können, d.h. er muss aufnehmen, was ihm eingehaucht wird, sein Eigenes daraus machen und es wieder ausatmen: Hergeben, damit Neues wieder einfließen kann. So kommt der menschliche Lebensprozess in Gang, der somit ein Austauschprozess ist, ein kommunikativer Vorgang, ein fortlaufender Stoffwechsel zwischen dem Eigenen und dem Anderen.

In den Überlieferungen des Islam heißt es darüber hinaus in Bezug auf den Anbeginn des Menschseins, Gott habe von seinem Geist in den Menschen geatmet. Dadurch wird eine noch innigere Verbindung zwischen Gott und Mensch zum Ausdruck gebracht: Gott haucht dem Menschen nicht nur Leben ein, sondern auch seinen Geist. Der Mensch ist also kein instinktgesteuertes Lebewesens, das wie eine Maschine auf Überlebenssicherung und Fortpflanzung programmiert ist, sondern ist gleichsam mit dem Geist Gottes imprägniert. Menschsein, so sagen die Religionen, ist damit zugleich göttliches Sein, indem der göttliche Geist in uns als sein Atem wirkt. Wir können also nicht anders, als geistig zu sein und zu leben, so sehr auch immer wir uns in unseren Alltagsgeschichten scheinbar nur auf die bloße Überlebenssicherung beschränken.

Dieses Geistig-Sein bedeutet weiters, dass der Mensch die Göttlichkeit in physischer Form repräsentiert. Er wandelt auf Erden als Körper-Geist-Einheit, also als jemand, der diesen Atem bekommen hat und aus ihm genauso lebt wie von Brot und Wein. Darüber hinaus heißt es, dass er diesen Geist nicht bekommen hat, um ihn nur für sich selbst zu nutzen, sondern um ihn so weiterzugeben, wie er ihn bekommen hat, indem er seine Mitmenschen beatmet, indem er sie inspiriert. Dann ist er der Botschafter, der Verbreiter der Kunde vom Göttlichen, das Kommunikation, Austausch, Liebe ist.

Darum sind die Weisheitslehrer so sicher, dass sie zu allen sprechen, wenn sie diese Göttlichkeit des Menschen verkünden. Sie wollen damit bei allen die Erinnerung wachrufen an dieses intime Beatmetwerden, an diese Ur-Inspiration. Das Wiederentdecken der Beatmung weckt unmittelbar und unausweichlich den Wunsch, die Kraft des Atems, also die Kraft des göttlichen Geistes, weiterzugeben, andere zu beatmen und damit ihre Göttlichkeit zu stärken und zu vermehren. Es ist ein Akt der Liebe, der diese Göttlichkeit erkennt und sichtbar macht.

Liebe ist das, was den anderen in seinem Anderssein anspricht und anerkennt. Was uns untereinander unterscheidet, ist die Verschiedenheit der Inspiration. Was uns verbindet, ist das Anerkennen der Unterschiedlichkeit und die Notwendigkeit, die eigene Inspiration mit der Inspiration durch unsere Mitmenschen und durch alles sonst, was uns umgibt, zu beleben. Wir nehmen von anderen und wandeln es in unser Eigenes um, indem wir es mit dem in uns verbinden, was schon vorliegt, sei es bewusst oder unbewusst.

Also wird in dieser Inspiration zum Ausdruck gebracht, dass Göttlichkeit etwas ganz Individuelles ist, etwas, was jeder Mensch im Intimsten sein Eigenes nennen kann. Wir atmen wie niemand anderer, und wir suchen nach unserer Eigenheit wie niemand anderer. Wir suchen also nach dem, was in uns eingeatmet wurde, nach der Inspiration, die uns selber ausmacht, uns von allen anderen unterscheidet und uns mit allen anderen in der Unterschiedlichkeit verbindet.

Unsere individuelle Wahrheitssuche führt uns anfänglich notwendigerweise durch das Dickicht der vorläufigen Wahrheiten. Was immer wir auf unserem Weg entdecken, erweist sich beim genaueren Hinsehen als unvollständig und vorläufig. Wir sind von dem einen begeistert, dann vom nächsten, bis wir erkennen, dass das Absolute der Wahrheit keine Form und keinen Namen hat, sondern dieser unendliche Geist in uns ist, den wir nicht aussprechen können, da er keinen konkreten Namen hat wie Dinge und Tätigkeiten. So hebt uns das Loslassen des Endlichen in die Unendlichkeit, ohne dass wir das Endliche dabei verlieren, sondern als Element in einen weiteren Rahmen bestehen lassen. Diesen weiten Rahmen erleben wir als unbegrenzte innere Freiheit.

Übung für den Tag:

Wen hast du in letzter Zeit inspiriert, vielleicht mit einer Idee, einem lieben Wort, einer Geste...? Und von wem wurdest du inspiriert, von wem hast du Geistiges empfangen (vielleicht auch in einer materiellen Form)? Spüre das Besondere und Beglückende, das in jedem Akt des Austausches, der gegenseitigen Beatmung und Begeist(er)ung enthalten ist! Spüre deinen Gewinn in jeder erhaltenen und in jeder weitergegebenen Inspiration!

Nimm dir für diesen Tag vor, möglichst viele andere Menschen zu inspirieren, und möglichst viele Gelegenheiten für Inspirationen zu entdecken. Freue dich über jede neue Einsicht, die du erhältst. Eine Inspiration kann auch ganz einfach und bescheiden sein, ein Blick, ein Lächeln, eine Geste, oder sie kann von einer Pflanze oder einer Wolke am Himmel stammen.

25. Tag: Das Tor zur Spannbreite
Lerne mit Himmel und Hölle zu leben

Ein jeder Mensch trägt in dieser Welt Himmel und Hölle in sich; welche Eigenschaft er erweckt, dieselbe brennet in ihm.

Jakob Böhme

Nichts lässt die Erde mit größerer Sicherheit zur Hölle werden als der Versuch des Menschen, sie zu seinem Himmel zu machen.

Johann Christian Friedrich Hölderlin

Himmel und Hölle sind Namen für das Erleben im Hier und Jetzt. Du brauchst dich weder vor dem einen zu fürchten, noch auf das andere zu hoffen. Öffne dein Herz für die Liebe, und schon bist du im Himmel. Verfällst du dem Hass oder dem Neid, stehst du schon in den Flammen der Hölle.

Alles Erleben ist im gegenwärtigen Moment. Himmel und Hölle sind Metaphern für das Erleben von entgegengesetzten Zuständen im Moment. Subjektiv gibt uns das Gefühl den Maßstab: Geht es uns gut oder leiden wir? Ein arges Leiden können wir als Hölle bezeichnen, eine tolle Hochstimmung als himmlisch. Dazwischen kennen wir viele Abstufungen und Varianten unserer Befindlichkeit.

Die Begriffe „Himmel“ und „Hölle“ tragen zusätzlich eine moralische Bedeutung: „Wie im Himmel“ sind wir, wenn wir liebevoll mit anderen verbunden sind (wie z.B. wenn wir in einem Chor singen), und in der Hölle, wenn wir uns von ihnen abtrennen (wenn wir z.B. in den Chor von Menschen einstimmen, die Hass predigen). Dazu passt die alte Geschichte, in der berichtet wird, dass es keinen Unterschied zwischen Himmel und Hölle gibt. In beiden sitzen sich die Menschen gegenüber, der Tisch ist gefüllt mit Speisen, doch haben alle nur Essstäbchen, die zu lange sind, um selbst damit zu essen. In der Hölle versuchen alle verzweifelt, die Speisen zum eigenen Mund zu bringen und scheitern dauernd fluchend; im Himmel bedienen sie sich gegenseitig und alle sind glücklich, weil sie geben und empfangen können. Die Hölle ist die Welt der Selbstverkapselung, der Himmel der Ort der Offenheit für die anderen und des liebevollen Austausches mit ihnen, so sagt dieses Gleichnis.

Es ist nicht die Ich-Bezogenheit, die uns das Leben zur Hölle macht. Wir brauchen eine liebevolle Beziehung zu uns selbst, um uns liebevoll auf andere beziehen zu können. Wenn wir dagegen nichts anderes haben als diese Ich-Bezogenheit, dann sind wir in uns selber eingesperrt, indem wir uns nur mit uns selber beschäftigen können. Und in Wirklichkeit sind wir von uns selber genauso abgeschnitten wie von allem um uns herum, das sich als fremd anfühlt. Wenn wir jedoch in Verbindung sind, ist der Unterschied zwischen uns und den anderen gar nicht mehr so wichtig.

Sobald wir hingegen von Ängsten gesteuert sind, achten wir vor allem auf unsere Überlebensimpulse, alles andere wird als sekundär eingestuft. Andere Menschen tauchen nur als mehr oder weniger große Störfaktoren und Bedrohungen für unser eigenes Leben auf, als mögliche Förderer oder Feinde unserer eigenen Notwendigkeiten.

Oft heißt es: Trennung ist nichts als eine Illusion. Trennung ist die Folge der Notreaktion, die entsteht, wenn wir auf unser Überlebensprogramm zurückgeworfen werden. Wir können uns nicht mehr nach außen beziehen, weil wir andere Menschen nicht mehr in ihrer Andersheit erkennen können, sondern nur das auffassen, was wir brauchen oder was uns im Weg ist. Für diese Situation gilt der Satz von Jean Paul Sartre: „Die Hölle, das sind die anderen."

Die Notprogramme verleiten uns zu Illusionen, mit denen wir uns in unserer Innenwelt eine für uns bessere und tauglichere Wirklichkeit basteln. Sie dient uns dann als Brille für die Wahrnehmung der äußeren Welt. Als Folge laufen wir dieser unserer Idealkonstruktion nach, indem wir in unserer Not die Wirklichkeit durch unsere Einbildung ersetzen. Alle unsere Wunschfantasien strömen in diese Einbildung, in der wir uns eigentlich nur auf uns selber beziehen.

Die Wirklichkeitserfahrung jedoch entsteht in Beziehung zu etwas von mir Unterschiedenem, und Beziehung braucht entspannte Zeit, um Verbindung herzustellen und sich entfalten zu können. Unter Stress dagegen bilden wir statt des detaillierten Erforschens dessen, was da ist, ein paar schnelle Ideen, wie es nach unseren Wünschen sein könnte oder sein sollte. Damit trennen wir uns von uns selber, also von den Anteilen in uns, die sich beziehen können, und als Abgetrennte trennen wir uns von allem anderen ab.

Solche Fantasien sind wirksam, wenn wir andere Menschen abwerten, beneiden oder bekämpfen. Was macht es „in Wirklichkeit“ für einen Sinn, sich besser oder schlechter als andere darzustellen, was soll es bringen, anderen die Daseinsberechtigung abzusprechen? Nur wenn wir vom Wahn befangen sind, dass andere Menschen uns bedrohen, weil wir gerade von unseren eigenen Ängsten besessen sind, kommen wir auf solche seltsame Ideen. Dieser Wahn, das ist die Hölle, und wir erzeugen sie permanent selber.

Haben wir hingegen unsere Ängste durchschaut und zu uns genommen, als unsere momentanen Gefühle, die kommen und wieder gehen, dann braucht es diese Einbildungen nicht. Wir sehen mit all unseren Sinnen, wie die Wirklichkeit ist: Ein Wunderwerk an unterschiedlichen Schönheiten, eine Spielwiese von Möglichkeiten, ein reichhaltiger Marktplatz an Begegnungsmöglichkeiten und eine nie versiegende Quelle von Einsichten, ein ständiges Wachsen und Erweitern. Was gibt es Erfüllenderes? Was braucht es mehr? Wie sollte es im Himmel anders sein?

Übung für den Tag:

Nimm dir Zeit, zu dir zu kommen. Erforsche jetzt, wie du dich abtrennst von anderen. Was bringt dich dazu, Menschen abzulehnen, abzuwerten oder zu hassen? Welche Menschen beneidest du? Und gegen welche kämpfst du? Schau hinter die Gefühle: Welche Motive treiben dich, und welche Ängste stecken hinter diesen Motiven? Kannst du diese Ängste zu dir nehmen und in dir befrieden? Wie ist es jetzt, wenn du an die Menschen denkst, die du vorher mit Hass oder Neid bedacht hast? Kannst du dich entspannen, wenn du dir vor Augen führst, wie sie sind und was sie tun?

An diesem Tag kannst du immer wieder daran denken, dass du dich mit allen Menschen verbinden kannst, wenn du deine Urteile beiseitelässt und dich nicht erhebst über andere, sondern vor allem auf das gemeinsame Menschseins achtest.

26. Tag: Das Tor zur Einheit
Spüre: Alles erzählt von allem

Kindern erzählt man Geschichten zum Einschlafen; Erwachsenen, damit sie aufwachen.

Jorge Bucay

Das Universum ist ein Ganzes. Alle seine Elemente sind durch ein feines Netz von Geschichten miteinander in beständigem Austausch. Wir reden miteinander in den vielfältigsten Sprachen und bleiben über diese Erzählungen miteinander im Kontakt. Wir wissen umeinander, mehr oder weniger deutlich. Je genauer wir hinhören, desto tiefer wird die Verbundenheit.

Das Universum ist ein Netz aus Kommunikationen. Informationen in ungeheurer Menge und Vielfalt fließen durch die verschiedenen Kanäle. Das hochkomplexe menschliche Gehirn ist nur ein winziger Abklatsch dieses Netzes. Es gibt ganz unterschiedliche Arten der Schwingungen, von denen wir nur wenig wissen, aber viel ahnen können. Vielleicht sind wir alle durch elektromagnetische Felder miteinander verbunden, sobald wir die richtige Schwingung gefunden haben, vielleicht gibt es noch ganz andere, unbekannte Kommunikationsmedien, über die Nachrichten und Botschaften fließen und an denen wir unter bestimmten Umständen aktiv teilnehmen können.

Was überhaupt Information ist, ist in sich ein Geheimnis, und erst recht können wir davon ausgehen, dass wir von der Übertragung von Information erst einen Bruchteil verstanden haben. Was wir aber wissen und verstehen können: Wir können die Geschichte, die wir sind, aus Geschichten, die wir durchlebt haben, erzählend beleben und wiederbeleben. Wir können die Geschichten, also die uns betreffenden ineinander verwobenen Stränge aus Informationen, aus dem Fundus allen Geschehens heben und für uns lebendig machen und erneuern, indem wir sie erzählen, uns selbst und den Menschen um uns.

Im Geschichten-Erzählen verstehen wir uns als jemand, der geworden ist. Wir sind das Resultat von miteinander verbundenen Ereignissen. Wir stehen in diesem Moment am Ende einer Entwicklung, die in dem, was und wo wir jetzt sind, kulminiert. Wir können dieses Jetzt nur verstehen, wenn wir seine Herkunft kennen, wie wir eine Gestalt nur wahrnehmen können, wenn wir sie von ihrem Hintergrund abheben, der sie eigentlich erst sichtbar macht.

Je mehr wir von unseren Geschichten kennen, desto vollständiger werden wir. Wir können diese Vollständigkeit quantitativ verstehen: Wir verfügen über mehr Wissen, und die

Landkarte unserer Geschichte zeigt immer weniger weiße Flecken. Qualitativ heißt das, dass wir innerlich reicher werden, weil wir mehr Verbundenheit in uns spüren können. Wenn etwas Neues in uns auftaucht, wie ein seltsamer Traum zum Beispiel, fällt es uns leichter, ihn in einen Zusammenhang unserer Geschichten einzuordnen. Unangenehme Gefühle können wir schneller auf ihre Herkunft zurückführen und damit leichter überwinden.

Wir erarbeiten und festigen unsere Identität, wenn wir an der Vervollständigung unserer Geschichte arbeiten. Wie Archäologen graben wir nach den Spuren des Vergessenen, suchen die Teile des Zerbrochenen zusammen, bis es uns gelingt, aus den Fetzen der Erinnerung einen schlüssigen Zusammenhang zu erschaffen.

Das Ausmaß an Geschichtswissen, das wir in Bezug auf unser eigenes Leben haben, verhilft uns zu Selbstsicherheit. Wir wissen, wer wir sind, weil wir wissen, woher wir kommen und was wir erlebt haben. So kann uns niemand mit Kritik oder Abwertung aus der Ruhe bringen. Wir sind das Resultat einer ganz und gar eigenartigen und einzigartigen Geschichte, die niemand von außen in Frage stellen kann.

Wir entdecken bei diesen Grabungen auch, dass unsere Geschichte mit anderen Erzählsträngen zusammenspielt, denn jede Geschichte hat mehrere Protagonisten. Wie viele Menschen haben wohl in unserem Lebensskript ihre Eintragungen gemacht? Wie viele Menschen haben ihre Prägung in uns hinterlassen? Wie viele andere Geschichten ragen also in unsere Geschichte hinein, sodass diese ohne sie unverständlich und unvollständig bleibt?

Sobald wir also zu erzählen beginnen, erzählen wir andere Geschichten mit, beleben sie neu und schaffen damit neue Netzwerke in diesem unendlichen und weiter ins Unendliche wachsenden Universum der Geschichten.

Die Identität, an deren Vervollständigung wir arbeiten, lässt sich leichter loslassen, wenn wir sie als Netz von vielfältigen Geschichten wahrnehmen. Denn Unerzähltes, das in unserem Unterbewusstsein schlummert und Gefühle gebunden hat, die erst durchs Erzählen frei werden können, hält uns fest an unserer Vergangenheit. Wir neigen dazu, aus den verschiedensten Anlässen der Vergangenheit nachzutrauern, ohne zu erkennen, dass da Lücken in unserer Lebensgeschichte sind, denen wir nachhängen.

Sobald wir zu erzählen beginnen, werden wir frei von der Vergangenheit und kommen in das Jetzt, das zwar als ein Ergebnis der Geschichten gesehen werden kann, aber auch als etwas völlig Einzigartiges und Eigenes, das es noch nie gegeben hat. Damit sind wir im gegenwärtigen Moment der Freiheit, und unsere Geschichte versinkt in der Stille, aus der sie immer frei aufsteigen kann, wenn wir sie brauchen.

Übung für den Tag:

Welche Geschichte beschäftigt dich gerade? Wo kannst du den Anfang dieser Geschichte finden? Oder handelt es sich um eine der Geschichten, die gar keinen Anfang haben, weil es zu jedem Anfang eine Vorgeschichte gibt? Wie geht es dir mit der Vorstellung, dass du mit allem, was es gibt, über ein Netz von Geschichten verbunden sein könntest? Und wie geht es dir mit der Vorstellung, dass du jetzt, in diesem Moment eine neue Geschichte beginnst? Wie möchtest du, dass sie verläuft? Und wer spielt noch mit in dieser Geschichte?

Wenn du heute anderen Menschen begegnest, nimm wahr, dass sie alle in ihrer eigenen Geschichte unterwegs sind, alle haben sie etwas vor und etwas hinter sich. Lass dabei ein Gefühl der Wertschätzung für jede dieser Geschichten entstehen, ob sie schwierig oder leicht erscheint.

27. Tag: Das Tor zur Verbundenheit
Beginne mit Wohlwollen

Wohlwollen ist die erste Grazie des Lebens.

Johann Gottfried von Herder

Liebe und Freundschaft sind wie ein Echo: Sie geben so viel zurück, wie sie erhalten.

Alexander I. Herzen

Diese Welt ist wie eine Bergwand, die deiner Stimme ein Echo verleiht. Sprich deshalb nicht abfällig oder gemein über andere Menschen, denn es wird irgendwie auf dich zurückfallen. Auch wenn jemand schlecht von dir denkt, wird es nur schlimmer, wenn du das Gleiche machst. Du kannst vielmehr einen neuen Anfang machen, indem du wohlwollend über diese Person denkst.

Es mag sein, dass das große Gewebe der Welt jede Information, die ausgeschickt wird, dorthin transportiert, wohin sie gerichtet wird. Wenn wir hinter dem Rücken Böses über jemanden reden, kann es sein, dass diese Person spürt, dass irgendwo von irgendjemandem Böses über sie geredet wird. Wir wissen nicht, ob das Universum wirklich so funktioniert.

Leichter verständlich ist es, dass uns böse Gedanken innerlich verspannen, weil sie von einer inneren Angst gesteuert sind. Wir brauchen uns nur vorzustellen, dass wir jemandem gram sind und dabei unseren Körper spüren. Irgendwo zieht sich da etwas zusammen, unsere Atmung schränkt sich ein und wir fühlen uns unwohl und unfrei.

Auch wenn wir manchmal den Eindruck haben, als würde es uns helfen, wenn wir anderen Wesen Übel wollen und innerlich oder verbal auf sie losgehen, täuschen wir uns selbst. Denn böse Gedanken oder Worte lösen die dahinter verborgene Angst nicht auf, sondern verstärken sie. Schließlich haben wir jetzt dem Anderen etwas angetan und haben damit unsere eigene Integrität verletzt. Auch müssen wir mit seiner Ablehnung rechnen. Darum beeinträchtigen solche Gedanken und Worte momentan und langfristig unser Wohlbefinden und können auch zu neurotischen Verhaltensweisen und sogar zu Krankheiten führen, je öfter wir sie pflegen.

Als geübte Verdränger merken wir keine unmittelbaren Auswirkungen unseres Übelwollens und sehen von daher keinen Grund, mit solchen Praktiken aufzuhören. Selbst wenn wir krank werden oder in eine andere Krise schlittern, führen wir es nicht auf die Kleinverspannungen zurück, die entstehen, sobald wir uns in die Bosheitszone begeben.

Deshalb braucht es manchmal eine Keule von außen, dass sich etwas wandelt. Der Manager, der sich und seine Mitarbeiter rücksichtslos ausbeutet, geht endlich einmal auf Urlaub und bricht dort mit Herzversagen zusammen. Der böse Diktator wird gestürzt und flieht ins Exil, um dort schwer zu erkranken und bald zu sterben – so ist es schon häufig passiert. Wenn Druck und Krampf des Weitermachen-Müssens gewichen ist, weil die Grundlage dafür verschwunden ist, brechen die aufgestauten Ängste durch und überfordern die Lebensfähigkeit.

Es gibt auch noch den Aspekt der Sozialschädlichkeit des „Andere-Schlechtmachens". Wenn wir auf andere zornig und hasserfüllt sind und über sie lästern, können wir nicht gleichzeitig offen und herzlich bei unseren Mitmenschen sein. Unser Herz ist verschlossen und unser Inneres in Dunkelheit gehüllt. Wir können zwar zu den Anwesenden nett und freundlich sein, während wir zugleich über Abwesende herziehen, doch ist diese Nettigkeit nur Verstellung. Sie kommt aus einer eingeengten Seele.

Darum tun wir unseren Freunden Gutes, wenn wir sie mit den Anklagen gegen unsere „Feinde" in Ruhe lassen. Wir können unsere Gefühle mit ihnen teilen, sollten aber tunlichst unsere Urteile bei uns belassen und in uns durch die oben genannte Übung oder andere Praktiken auflösen.

Die goldene Regel: „Was du nicht willst, das man dir tut, das füg auch keinem andern zu" wird zur Feststellung: „Was du nicht willst, das man dir tut, das fügst du dir gleich selber zu". Dann kann die Regel auch so umformuliert werden: „Weil du nicht willst, was man dir tut, füg es dir selber auch nicht zu." Oder ganz einfach: „Weil du nicht willst, dass es dir selber schlecht geht, tu den anderen nichts an, dass es ihnen schlecht geht."

Und nochmals umgedreht: Alles Gute kommt auf denjenigen zurück, der es getan oder ausgesendet hat. Gute Gedanken zu schicken, für jemanden zu beten und hilfreiche Taten zu setzen, öffnet die Seele und entspannt den Körper. Dabei werden beide, Körper und Geist, vor Schaden geschützt und bleiben heil. Mit guten Gedanken und Wünschen für andere verbinden wir uns mit dem Menschheitsgewebe, dessen Teil wir sind und immer bleiben werden.

Wenn wir die Fürsorge und Zuwendung, die uns aus dem großen Netzwerk zufließt, für uns spüren können, indem wir uns in unseren Nöten vertrauensvoll an es wenden, können wir uns ganz entspannen und den Moment genießen. Das ist die beste Basis für Gesundheit und Wohlbefinden. Deshalb ist es eine empfehlenswerte Übung, gerade jenen Menschen, die einem geschadet haben oder übel gesonnen sind, gute Wünsche, Licht und Wohlwollen zu schicken – die Folgen dieser Taten, gleich ob sie den anderen Menschen verändern oder nicht, werden uns selber zu Gute kommen und die Schädigungen oder Bedrohungen bei weitem aufwiegen, unter denen wir leiden.

Übung für den Tag:

Nimm dir Zeit, mit dir selber ehrlich zu sein. Gibt es Menschen, über die du abfällig, abwertend oder böse sprichst oder denkst? Nimm wahr, wie es dir mit dir selber geht, wenn du diese Haltung einnimmst. Wie fühlt es sich an, wenn du einen Schritt zurück nimmst und diese Menschen aus einer anderen Perspektive betrachtest? Was könntest du anerkennend und wertschätzend zu diesen Personen sagen oder über sie denken? Gibt es in deinem Leben Menschen, bei denen es an der Zeit ist, wohlwollende Dinge über sie zu sagen und zu denken?

Nutze diesen Tag, um dort, wo du normalerweise negativ über andere sprichst oder denkst, zumindest neutral, oder, wenn es geht, positiv über sie sprichst oder denkst. Suche Gelegenheiten, um Menschen liebevoll zu begegnen und ihnen deine Achtung auszudrücken, sei es mit Worten, Gesten oder Gedanken.

28. Tag: Das Tor zur Präsenz
Lebe im gegenwärtigen Moment

Das Universum wird sich in Gold verwandeln. Die Wiedererstehung wird jetzt sein. Jeder Moment, eine neue Schönheit.

Rumi

Mit der Entdeckung dessen, was ohne Anfang und Ende ist, kommt eine zeitlose Ekstase.

Jiddu Krishnamurti

Die Vergangenheit ist eine Erzählung. Die Zukunft ist eine Idee. Ewig ist nicht die Unendlichkeit der Zeitreihe, sondern das Fallen in die Zeitlosigkeit. Zwischen dem Vergangenen und dem Zukünftigen ist dieser gegenwärtige Moment, das einzig Reale, in dem du verweilen kannst. Er ist es, der alles enthält, was es gibt.

Alles, was wir erleben, erleben wir in diesem Moment, im Jetzt. Das Jetzt ist definiert durch dieses Erleben. Es ist nichts anderes als dieses Erleben dessen, was jetzt gerade ist. Die Vergangenheit ist das, was wir nicht mehr erleben können, weil es nicht im Jetzt ist. Ebenso verhält es sich mit der Zukunft. Sie ist die andere Spielwiese unseres Verstandes.

Wir holen uns gerne die Vergangenheit in die Gegenwart, indem wir uns erinnern. Unsere Erinnerung macht ein Bild aus der Vergangenheit, das durch alle möglichen Einflüsse gefärbt und retuschiert ist.

Deshalb sollten wir uns immer bewusst halten, dass uns die Vergangenheit nur als Konstruktion zugänglich ist, als Produkt unseres Erinnerungsvermögens, und dass sie keine andere Realität als diese hat. Wir brauchen die Vergangenheit, um uns unserer Identität zu vergewissern und um uns auf unsere Umgebung verlassen zu können. Wir müssen nicht alles in jedem Moment neu erfinden oder entdecken. Doch entgeht uns der Zauber des Moments, wenn wir uns zu sehr im Vergangenen aufhalten.

Auch die Zukunft muss sich dem Primat der Gegenwart beugen. Wir erschaffen die Zukunft aus unserer Fantasie, die von Erwartungen, Hoffnungen und Ängsten geprägt ist. Ohne Zukunft könnten wir nichts planen und organisieren. Freilich ist die Zukunft nie in unserer Macht, immer kann ein unerwartetes Ereignis unsere Planungen über den Haufen werfen. Deshalb müssen wir auch hier immer eine gute Balance halten, zwischen den Träumen von der Zukunft und der realen Erfahrung in der Gegenwart.

Die Zeitlinie stellt ebenfalls eine Konstruktion dar, bzw. ein Konstruktionsprinzip, also ein Raster, nach dem wir das Zeiterleben strukturieren können. Natürlich hat die Zeit keine räumliche Form. Die Zeitlinie ermöglicht jedoch effektives Planen, wie bei einem Hausbau, bei dem die einzelnen Handwerker in einen Verlaufsprozess eingeordnet sind und genau wissen, wann ihre Arbeiten stattfinden sollen. Mit dem Modell der Linie ordnen wir in uns die Abfolge von Vorher und Nachher.

Die Messung der Zeit gibt uns die Illusion, sie zu beherrschen, Macht über sie auszuüben. Doch überholt sie unsere Beherrschungsversuche, indem sie jeden Moment sofort wieder verschwinden lässt und einen neuen erschafft. Da uns dieser rasende Verzehr der Zeit erschreckt, indem er uns an unsere eigene Endlichkeit erinnert, versuchen wir, den gegenwärtigen Augenblick durch unsere Konzepte und Modelle festzuhalten und anzubinden.

Doch können wir den gegenwärtigen Moment nicht konstruieren. Er ist uns gegeben und er ist schon wieder verschwunden, sobald wir versuchen, ihn zu fixieren, indem wir etwas aus ihm machen möchten. Sobald wir uns daranmachen, ihn mit unseren Vorstellungen zu dekorieren, haben wir schon den nächsten Moment in seiner absoluten Neuigkeit übersehen.

Leben spielt sich immer nur in diesem Moment ab, an diesem Schnittpunkt zwischen Vergangenheit und Zukunft. In dieser zeitlosen Zeit existiert alles, was es gibt, um gleich darauf spurlos in der Vergangenheit zu verschwinden. Wirklich ist nur dieser Moment, und in ihm sind wir wirklich da.

In diesem Augenblick liegt unsere einzige Möglichkeit, präsent zu sein, wirklich zu sein und zu wirken. Deshalb sammeln sich in ihm alle tieferen Wünsche und Sehnsüchte der Menschen: Die innere Freiheit finden wir nur, wenn wir ganz in diesem Moment mit uns und der Welt um uns verbunden sind. Auch die Liebe kann nur von Moment zu Moment, ohne Konstrukte und Modelle gelebt werden. Denn jedes Festhalten stranguliert sie. Die Hingabe an das Ganze und das Loslassen aller Ängste und Beschränkungen kann nur im Moment geschehen, ohne jede Garantie und Sicherheit für einen nächsten Moment.

Wenn es uns gelingt, in diesem Moment zu sein, anerkennen wir die größere Dimension, die nicht unserem Zugriff unterliegt. Wir übergeben uns damit wirklich der Zeit der Ganzheit, ohne Illusion und ohne Wunsch, ihrer habhaft zu werden. Darin werden wir frei für die Erfahrung des großen Ganzen, das alles umfasst und in dem alles zusammen wirksam ist, in der Zeit und jenseits der Zeit.

Das ist das einzige Tor zur Ewigkeit mit ihrem ewigen Frieden: Die vollständige Verbindung mit diesem Moment. Denn die Ewigkeit ist eben dieser Moment in seiner unermesslichen Tiefe. Wenn ich mich in ihn fallen lasse, falle ich in die Ewigkeit und werde von ihr gütig aufgenommen.

Übung für den Tag:

Schließ deine Augen und nimm dich selbst in diesem Moment wahr, einfach so wie du dich gerade empfindest, ohne Zutat oder Weglassung. Dieser Moment und alles, was in ihm ist, ist alles, was du hast und was du brauchst. Sei deshalb achtsam mit ihm und nimm ihn ganz an, mit allen Details und Zutaten. Damit kannst du alles hinter dir lassen, was war und brauchst dir keine Sorgen machen wegen dem, was kommen wird. Dieser Moment führt dich in den nächsten, und in jedem Moment kannst du erkennen, was richtig und stimmig für dich selber ist. Dafür kannst du dankbar sein.

Nutze auch diesen Tag, um dich immer wieder auf den gegenwärtigen Moment aufmerksam zu machen. Ja, dieser Moment ist alles, was ich habe und was ich brauche. Erinnere dich immer wieder daran, dass dich die Verbindung mit dem Moment mit Freude und Dankbarkeit erfüllen kann. Denn es ist die Größe des Lebens, das dir diesen Moment schenkt – und auch den nächsten.

29. Tag: Das Tor zur Aktivität Geh aktiv mit deinem Schicksal um

Das Universum ist vollkommen. Es kann nicht verbessert werden. Wer es verändern will, verdirbt es. Wer es besitzen will, verliert es.

Blaise Pascal

Auf welches Instrument sind wir gespannt? Und welcher Geiger hat uns in der Hand? O süßes Lied.

Rainer Maria Rilke

Dein Leben ist dir zur Gestaltung überlassen. Du brauchst nichts dem Schicksal zu überlassen und kannst aktiv zur Musik des Ganzen beitragen. Deine Lebensbahn ist die Ebene, auf der du deine Melodie spielst. Du kannst nicht alle Räume der Musik ausloten, aber wie sich dein Spiel entwickelt, kannst du bestimmen.

Mit dem Wort Schicksal bezeichnen wir alles, was an unangenehmen Überraschungen im Leben passiert, alles, was wir in der Vergangenheit nicht vorhersehen konnten und berechnet haben, und alles, was wir jetzt nicht beeinflussen und kontrollieren können. Schicksal geschieht dort, wo das Leben in seiner Eigenmächtigkeit und Eigensinnigkeit in unsere Zusammenhänge eindringt und sie durcheinander wirbelt. Wir können es nicht kontrollieren oder zähmen, denn es ist mächtiger als unser Wünschen und Wollen.

Jeder Schicksalsschlag ist eine wichtige Gelegenheit für das Lernen des Annehmens, denn wir definieren als Schicksal geradezu das, womit wir nicht zurechtkommen und was wir nicht akzeptieren können. Jedoch bringt uns der Kampf gegen das, was ohnehin schon geschehen ist, keinen Gewinn, sondern vergeudet nur unsere Ressourcen. Wenn wir lernen, das zu akzeptieren, was sich am meisten gegen das Akzeptieren sträubt, haben wir einen wichtigen Schritt zur Überwindung unserer Eigensinnigkeit und Selbstbezogenheit getan.

Im Anerkennen des Schicksals anerkennen wir nämlich, dass eine höhere Macht unser Leben kontrolliert, und dass wir unsere Aktionen nur in dem Rahmen setzen können, der uns von dieser Macht vorgegeben wird. Wir können uns frei bewegen, solange uns die Gesundheit dafür gegeben ist. Aber wir können nicht so schnell laufen wie ein Olympia-Sieger oder alle Yoga-Übungen so ausführen wie ein Schlangenmensch. Werden wir krank, schaffen wir es vielleicht gar nicht mehr aus dem Bett. Wir können alles Mögliche tun, um Erkrankungen vorzubeugen, aber wenn es uns erwischt hat, bleibt uns nur, uns in das Schicksal zu ergeben und in dem verbliebenen verengten Rahmen das tun, was am sinnvollsten ist. Denn es gibt immer etwas, das sinnvoll ist.

Wir können also nicht das „Instrument“ wählen, so, wie wir nicht unsere Körpergröße oder Augenfarbe oder auch die

Ausstattung unseres Gehirns wählen können, dennoch können wir in diesem vorgegebenen Rahmen unsere Fertigkeiten schulen und ausbauen, unsere innere Größe leben, unsere Wahrnehmung schärfen, unsere Geistesgaben mehren. Unser Gehirn, unser Körper und dazu auch die materiellen Möglichkeiten unseres Lebens setzen uns Grenzen, sodass die meisten von uns nicht über musikalische Fähigkeiten wie Mozart oder Schubert verfügen, aber diese Grenzen sind lächerlich im Vergleich zu dem, was wir alle an Lernfähigkeit und Entfaltungskraft zur Verfügung haben. Es liegt also an uns, was wir aus unseren Talenten machen, ob wir sie fördern oder brach liegen lassen.

Der erste Schritt dabei ist, zu erkennen, dass wir die Talente haben, die wir haben. Wir werden sie nicht finden, wenn wir auf die anderen schauen, was die nicht alles können. Wir müssen in uns selber nachschauen, was unsere Form der Kreativität ist, was aus unserem Inneren zur Verwirklichung drängt.

Es bringt uns auch nicht weiter, wenn wir andere um die Instrumente beneiden, die sie zum Spielen bekommen haben. Ich habe eine Klarinette, und du eine Geige. Statt der Klarinette schöne Töne zu entlocken, starre ich auf die Geige und meine, dass ich erst Musik machen kann, wenn ich sie habe.

Wir müssen also aufhören, uns mit anderen zu vergleichen. Denn wir werden immer jemanden finden, der das, was wir gerne vollführen möchten, besser kann. Das nagt an unserer Motivation und an unserem Vertrauen auf unsere eigenen, ganz individuellen Talente. Besser ist es, auf unsere eigenen Fähigkeiten zu vertrauen und sie zur Wirkung zu bringen, indem wir lernen, sie zu entwickeln und zu genießen.

Tun wir das nicht, so missachten wir unsere Gaben, die Geschenke, die wir in dieses Leben mitbekommen haben. Wir haben diese Möglichkeit im Rahmen unserer Willensfreiheit. Und wir haben auch unsere inneren Gründe dafür. Wenn, wie schon erwähnt, wir andere Gründe hätten, würden wir unser Leben auch anders führen. Es macht also auch keinen Sinn, uns selber oder andere zu schelten, die Talente zu missachten oder zu vergeuden.

Vielmehr sollten wir unsere Aufmerksamkeit den Gründen schenken, die uns davon abhalten, kreativ und produktiv zu leben, die uns daran hindern, unser Leben zu gestalten statt es an uns vorüberziehen zu lassen. Wenn wir die Verhaltensmuster und damit verbundenen Gefühle erforschen, die unseren kreativen Lebensausdruck blockieren, stoßen wir vermutlich auf Ängste und andere unangenehme Gefühle, die ernst genommen werden wollen. Gelingt uns das, dann wird es uns leichter fallen, wieder vertrauensvoll zu unserem Instrument zu greifen und mit unserer einzigartigen Stimme in die universelle Sinfonie einzustimmen.

Übung für den Tag:

Komm in Kontakt mit dir selber. Nimm dich wahr mit deinen Begabungen und Talenten. Ganz einfach: Du hast es bis zu diesem Punkt in deinem Leben geschafft – was hat dir dabei geholfen an Fähigkeiten und Gaben? Erlaube dir ein Gefühl der Dankbarkeit dafür und erkenne die Aufgaben, die in diesen Geschenken liegen. Wie möchtest du deine Talente weiterentwickeln? Wo gibt es Potenziale, die du mehr entfalten möchtest? Wie geht es dir bei der Vorstellung, mehr von deinen Talenten mit der Welt zu teilen?

Diesen Tag kannst du als Gelegenheit nehmen, um einen Spiegel für deine Fähigkeiten zu haben und zu sehen, wo du in der Welt deine ganz eigenen Spuren, deine Melodien, deine Worte und Gesten hinterlässt – in größeren oder kleineren Zusammenhängen, ganz gleich.

30. Tag: Das Tor zur Wertfreiheit
Beende das Beschuldigen

Wer Menschen beurteilt, hüte sich vor billigem Tadel und billigem Lob.

Konfuzius

Der letzte Beweis von Größe liegt darin, Kritik ohne Groll zu ertragen.

Victor Hugo

Wenn wir in ungerechter Weise kritisiert werden, tun wir gut daran, ruhig und gelassen zu bleiben. Schaffen wir es, bei uns selber zu bleiben, brauchen wir den Kritikern nichts heimzuzahlen. Auf dem Weg zur inneren Weisheit erkennen wir, dass es in Wirklichkeit keine Gegner gibt, sondern dass wir alle mit dem Einen verbunden sind.

Wir Menschen üben gerne Kritik aneinander und fühlen uns schnell beleidigt, wenn Kritik an uns geübt wird. Das ist ein eigentümliches Beispiel für die Schwierigkeiten, die wir mit der goldenen Regel haben. Selbst maßen wir uns schnell an, andere Menschen zu bewerten, sind aber sehr empfindlich, wenn das andere mit uns tun. Sollen wir also aufhören, unsere Mitmenschen zu kritisieren?

Klar, wir brauchen Rückmeldungen voneinander. Wir alle haben blinde Flecken und erkennen oft nicht, dass wir Fehler gemacht haben. Das müssen uns andere mitteilen, damit wir unsere Schwachstellen korrigieren können. Aber es gibt auch ungerechtfertigte negative Rückmeldungen: Wir haben etwas nicht getan, gesagt oder gemeint, was uns vorgeworfen wird. Oder ein kleiner Fehler wird in einen großen verwandelt und uns vor die Füße geworfen.

Sollen wir also aufhören mit unfairer Kritik? Sicher ist es wichtig, darauf zu achten, dass die Kritik der Sache angemessen und der kritisierten Person dienlich ist, und dass sie so geäußert wird, dass sie von der anderen Person gut angenommen werden kann. Da können wir viel an uns verbessern und brauchen dafür das korrigierende Feedback unserer Umgebung.

Aus der Unterschiedlichkeit der Menschen kommt ihr Bedürfnis, Verhaltens- oder Seinsweisen der anderen in Frage zu stellen und abzuwerten. Wir wollen uns damit vergewissern, dass wir selber in Ordnung sind, und gerade dort, wo wir am unsichersten und empfindlichsten sind, fällt die Kritik an dem, was nicht so ist wie wir selbst, am harschesten aus. Wir schießen oft vorsorglich übers Ziel, um dem anderen keine Chance zu geben, dass er im Gegenzug uns mit seiner Kritik verunsichert.

Hier wird noch ein anderer Angelpunkt zur Lösung dieser Problematik empfohlen: Kritik in Gelassenheit annehmen und es dem Kritiker nicht heimzuzahlen. Im Grund wissen wir, dass die Kritik aus einer persönlichen Sichtweise und Betroffenheit der kritisierenden Person kommt. Wir haben es also nicht mit objektiven Wahrheiten zu tun, sondern mit Wahrnehmungen, die andere Personen aus ihrer Perspektive von uns empfangen, in ihrem Denken verarbeiten und dann zurückgeben. Wir können uns klarmachen, dass die Kritik ungefähr so viel mit uns wie mit der Person zu tun hat, die uns kritisiert. Deshalb gibt es auch „objektiv“ keinen Grund, warum uns irgendeine Kritik, auch wenn sie noch so boshaft oder gemein erscheint, verunsichern müsste.

Subjektive Gründe haben wir, die mit Lücken in unserem Selbstwertsystem zu tun haben, mit Ängsten, die wir aus früheren Zeiten mitgenommen haben. Wenn wir in einem ersten Schritt verstehen, dass es keine Kritik gibt, die uns etwas anhaben kann, dann kommen wir auch zum zweiten Schritt, bei uns nachzuschauen, wo die wirklichen Wurzeln der Verunsicherung stammen. Und in einem dritten Schritt können wir gelassen mit Kritik umgehen, ob sie uns gerechtfertigt oder unfair erscheint.

In dieser Haltung der Gelassenheit können wir die Kritik leichter in ihrem Inhalt prüfen: Ist sie wertvoll für uns oder nicht? Gibt sie uns wichtige Informationen über uns selbst oder brauchen wir uns damit nicht zu beschäftigen? Dann können wir erkennen, wo uns Kritiker einen Dienst erweisen, weil wir für uns etwas lernen können, und wo sie sich nur in eigener Sache durch Angriff verteidigen. Aus vermeintlichen Gegnern werden dann Freunde, die uns entweder weiterhelfen oder selber Hilfe brauchen.

Diese Reflexionen anzustellen hilft uns, unseren inneren Frieden wiederzufinden und zu behalten, wenn wir ungerecht behandelt werden. Sie beinhalten nicht die Schlussfolgerung, dass wir uns Ungerechtigkeiten gefallen lassen müssen. Vielmehr gilt es, dieses Ungleichgewicht, das meist durch eine Unbewusstheit der anderen Person entstanden ist, wieder auszugleichen, indem wir mit dieser Person zu klären versuchen, was durcheinander gekommen ist. Eine solche Klärung kann nur in einer Atmosphäre der Entspannung gedeihen, und die Vorstellung, dass alle Menschen mit ihren unterschiedlichen Empfindlichkeiten und Verletzbarkeiten in einem großen Netzwerk verbunden sind, kann zur entspannten Gelassenheit beitragen.

Übung für den Tag:

Nimm dir Zeit, dich an Situationen zu erinnern, in denen du das Gefühl hattest, ungerecht kritisiert zu werden. Spüre die Gefühle, die diese Erfahrungen in dir ausgelöst haben, Ärger, Verletztheit usw. Nimm die Gefühle zu dir, es sind deine. Die andere Person hat sie nur ausgelöst. Sie hat dir einen Teil von dir gezeigt, der verletzlich ist. Um diesen kannst du dich selber jetzt gut kümmern.

Wenn du das Gefühl hast, dass dieser verletzte Teil in dir zur Ruhe gekommen ist, kannst du die Erfahrung in die Vergangenheit verabschieden und das Urteil, das du über die andere Person gefällt hast, aufheben. Du brauchst dich nicht mehr über die andere Person zu stellen, sondern siehst sie als jemanden, der unvollkommen ist wie du selber, nur auf seine eigene Art.

Überlege dir jetzt, ob es Menschen gibt, von denen du dich ungerecht und unfair behandelt fühlst, mit denen du aber nie darüber gesprochen hast. Schau weiter, ob du an einem dieser Punkte einen Handlungsbedarf wahrnimmst, mit der Person Kontakt aufzunehmen und über das Thema zu reden.

Achte an diesem Tag auf die Urteile, die du über andere fällst. Kannst du das, was du an anderen verurteilst, auch in dir selber entdecken? Was verändert sich in dir, wenn du merkst, dass du selber auch von deinem Urteil betroffen bist?

31. Tag: Das Tor zur Sanftmut Übe die Weichheit des Herzens

Ist das Heer starr und stark, wird es untergehen. Ist der Baum hart und stark, wird er gefällt werden. Das Harte und Starke vergeht. Das Weiche und Schwache besteht.

Lao Tse

Das Leben präsentiert uns fortlaufend Gelegenheiten, mit uns selber weicher und zu anderen einfühlender zu werden. Wenn wir durch Notsituationen aus der Bahn geworfen werden, merken wir, wie unsere verhärtete Schale Risse bekommt. Wir können schließlich unser Herz über uns selber hinaus weiten, sodass es alle Menschen mit ihrer Not und ihrem Leid und auch mit aller Schönheit umfasst. So bringen wir mehr Weisheit und Liebe in die Welt.

Was uns hart macht, sind vor allem unsere Tendenzen, Macht auszuüben, Recht zu behalten und nur unsere eigenen Interessen zu verfolgen. Angetrieben sind diese Tendenzen von Ängsten in unserem Inneren. Wir meinen (meist ohne Grund), dass wir kämpfen müssen, dass es ums Überleben geht. Selbst noch in die kleinsten Streitigkeiten, wie der Suppenteller abgewaschen oder die Seife abgelegt werden soll, spielen diese Ängste hinein.

Angst macht uns hart, weil wir meinen, dass wir uns durch Härte besser schützen können. Doch gibt es fast immer keine reale Bedrohung, vor der wir uns hüten müssten. Wir befinden uns andauernd in einem Kino, indem ein Horrorfilm gezeigt wird, und nehmen die Geschehnisse auf der Leinwand für die Wirklichkeit, so als würde King Kong gleich in den Zuschauerraum steigen und uns an der Gurgel packen. Als Folge spannen wir uns unnötig an – ins wirkliche Kino gehen wir ja auch, damit es spannend ist –, und tun unserer Gesundheit und unserem Wohlbefinden nichts Gutes. Wenn wir unsere Härte nicht rechtzeitig besänftigen, schädigen wir uns nachhaltig.

Wir begeben uns in den Dienst des Lebens, indem wir daran arbeiten, weich zu werden. Das Tao Te King erinnert uns daran, dass wir Weichheit nicht mit Schwäche verwechseln sollten. Eine von Angst gesteuerte Härte verkörpert keine wirkliche Kraft, sondern ein Überspielen der Schwäche. In dieser Position können wir keine klaren Ziele erkennen und keine stimmigen Unterscheidungen treffen. Wir fixieren uns auf Kurzschlüsse und Fehlinterpretationen.

Die Position der Weichheit ist die der achtsamen Gelassenheit, des Frei-Seins von Druck und Kämpfenmüssen. In den östlichen Kampfkünsten wird gelehrt, aus der entspannten Spannung, die eine präzise Wahrnehmung und eine blitzschnelle Reaktion gestattet, im Kampf den maximalen Erfolg zu erzielen. Auf die anderen Bereiche des Lebens übertragen, heißt das, dass aus der Lockerheit die klarste Kraft erwächst, die uns mit der Wirklichkeit so verbindet, dass wir mühelos das Richtige zum richtigen Zeitpunkt wählen.

Erkennen wir doch, dass wir in der Härte zunächst und vor allem uns selbst schädigen. In der Härte sind wir starr und angespannt. Wir verhalten uns so, als wären wir von bösen Feinden umgeben, auf einen Angriff harrend. Doch ist da niemand, der uns bedroht. Es ist etwas in unserem Inneren, das uns Angst macht. Und deshalb verpanzern wir uns und beeinträchtigen durch diese Verspannungen unsere Gesundheit und unser Wohlbefinden.

Erlauben wir uns, unsere eigene Härte selber zu spüren, also die Art und Weise zu erkennen, wie wir uns verkrampfen, und beginnen wir, die verkrusteten Bereiche unseres Körpers zu orten, so sind wir schon auf dem Weg der Lösung. Wir können nach Methoden suchen, die diese Bereiche lockern: Massage, Übungen, Therapie. Damit werden wir auch sensibler, darauf zu achten, wann und wodurch solche Verhärtungen aktiviert und verstärkt werden und was sie weicher werden lässt.

Wo immer es uns gelingt, das Harte in uns weicher zu machen, die Kanten zu runden und die groben Bewegungen zu verfeinern, gewinnen wir an Bewegungsfreiheit und Flexibilität. Schmiegen wir uns mehr an die Wirklichkeit an als uns frontal gegen sie zu stellen – die Wirklichkeit ist immer stärker als unsere Sturheit! Lernen wir, mit ihr zu spielen statt zu kämpfen, dann erkennen wir mehr von ihrer Verspieltheit.

Weich werden wir vor allem, wenn wir unsere Aufmerksamkeit in unser Herz bringen. Dort finden wir den Zugang zu Mitgefühl und mitmenschlicher Wärme. Unser Herz ermutigt uns, unseren Wahrnehmungshorizont zu öffnen, weg von der Fixierung auf unsere eigenen kleineren oder größeren Beschwernisse, die uns hart machen. Mit der Weitung unseres Herzens können wir die Fülle der Existenz mit einschließen und mit dem tieferen Fließen in Kontakt treten, das alles trägt und umspült, das Leid und die Freude, das Hässliche und das Schöne.

Unser Herz lässt uns das Herz der anderen Menschen suchen. Es will den Gleichklang und das gemeinsame Schwingen finden, das uns gemeinsam in Liebe pulsieren lässt. Überlassen wir uns seiner Führung, so kommen wir unweigerlich in die Sphären der Weichheit und der unermesslichen Fülle der Liebe.

Übung für den Tag:

Unser Atem lehrt uns, dieses Fließen nicht nur ruhiger, sondern auch weicher und sanfter zu machen. Wir stellen uns vor, dass der Atem ganz zart das Herz umströmt und einhüllt. Dann weiten wir den Raum, den das Herz einnimmt, und dehnen ihn über unsere Person aus, vor allem zu Menschen hin, die besonders der Weichheit bedürfen. Sie sind nicht aus böser Absicht, Dummheit oder Faulheit so, wie sie sind, sondern weil sie das Leben dazu geformt hat, wie ein Stein am Grund des Flusses die Form durch die Kraft des Wassers bekommen hat und nicht gefragt wurde, ob er sie gerne so oder anders hätte.

Wenn wir unser Herz ausdehnen, spüren wir, dass es da keine Grenze gibt, sondern dass unser Herz alle anderen Herzen erreichen möchte, sich mit ihnen verbinden möchte. Es ist dann so, als würde die ganze Schöpfung auf den Moment warten, dass sich alle Herzen verbinden und einen gemeinsamen Rhythmus finden.

Wenn du durch den Tag gehst, experimentiere mit spielerischen Elementen, die auch in kleine Gesten und beiläufige Handlungen einfließen können. Sobald du merkst, dass du in Bewegungen oder im Denken einem Muster folgst, ändere es einfach.

32. Tag: Das Tor zum Lernen Finde die richtige Führung auf dem Weg nach innen

Die Wahrheit wohnt im Inneren des Menschen.

Augustinus Aurelius

Nichts und niemand braucht zwischen dir und der Wahrheit zu stehen: Keine moralische, religiöse oder spirituelle Autorität. Überprüfe deinen Glauben und lass alles weg, was deine Wahrheitssuche behindert. Übe dich in der Wahrheit, aber achte darauf, dass du keine Gewohnheit und kein Glaubenssystem daraus machst.

Weisheit wird nicht innerhalb von Machtapparaten erworben. Sie ist eine wilde Pflanze, die nicht in geordneten und gezähmten Gärten gedeiht. Sie wird oft von Außenseitern erkundet und verkündet. Viele Propheten, Heilige und Erneuerer berichten von direkten Gotteserfahrungen, oft in der Natur und meist in der Abgeschiedenheit. Viele von ihnen weisen darauf hin, dass das tiefere Wissen vom Absoluten nicht durch die Instanzen und Ämterketten spricht, sondern sich seine eigenen Wege in die Herzen der Menschen sucht. Der Glaube verträgt keine Verwaltung, wie ein wildes Tier keinen Käfig überlebt. Der Weg der Wahrheitssuche scheut das Risiko nicht, sondern fordert dazu heraus.

Also ist die Suche abseits und jenseits der Institutionen schwerer und unsicherer. Die Zweifel sind mächtiger, da die Wahrheit gesucht werden muss und nicht einfach in einem heiligen Buch nachzulesen ist oder einem bestallten Prediger nachgebetet werden kann. Und jede dieser Wahrheitssuchen ist individuell, wir können es von niemandem abschauen, wie „man" es macht. Wir finden keine exakten Vorbilder für unseren Weg, weil er anders ist als jeder anderer. Wir finden vielleicht Menschen, die uns gute Hinweise geben, indem sie uns darauf hinweisen, wenn wir in die Irre laufen, aber sie können uns nicht mit Sicherheit sagen, was die nächsten Schritte sind und wann wir ein Ziel erreicht haben.

Einerseits müssen wir diesen Weg für uns gehen, andererseits können wir ihn nicht alleine gehen, denn wir brauchen unsere Mitmenschen als Wegweiser, Korrektiv und als Begleiter. Wir können uns leicht in uns selber verirren, indem wir unsere Vorurteile und Projektionen für die Wahrheit halten. Dazu brauchen wir die Rückmeldungen der anderen, die sie uns verbal mitteilen oder die wir indirekt durch Erfahrungen serviert bekommen, die uns zu schaffen machen.

Dieses Spannungsfeld dient uns dazu, unsere Neigungen zum Verallgemeinern zurückzustellen, wie das im verwalteten

Wahrheitsapparat geschieht, nach der Devise: Was gut und wahr ist für uns, muss es für alle anderen auch sein, wer unseren Glauben teilt, ist mit uns, alle anderen sind gegen uns. Vielmehr erkennen wir, dass sich unsere Wahrheiten in der produktiven Auseinandersetzung mit unseren Mitsuchern dauernd verändern, erweitern und differenzieren.

Je leichter wir die Einsichten und Erkenntnisse unserer Mitsucher anerkennen und wertschätzen, auch wenn sie sich nicht mit unseren Sichtweisen decken, desto mehr haben wir von der Relativität der Wege begriffen: Die Suche nach dem Absoluten kann nur über relative Zugänge Erfolg haben. Macht und Dogmatismus, die sich häufig mit Glaubensgemeinschaften verbinden, versperren dagegen jeden Zutritt zum Innersten des Heiligtums der Wahrheit.

Der verinnerlichte Machtapparat, der die Menschen zu Glaubenskämpfern, Eiferern und Fanatikern werden lässt, zerbricht an der Bereitschaft, die Spannung zwischen individueller Suche und kollektiver Zustimmung auszuhalten. Wir lassen unsere Aufmerksamkeit immer wieder zwischen dem Umfeld, in dem wir uns bewegen, und unserem Inneren pendeln. So bringen wir uns mit unserer Mitwelt und uns selbst immer wieder in Einklang. Dabei nehmen wir unserem Machtstreben und unserer Rechthaberei den Einfluss über unser Denken und Erleben. Stattdessen öffnen wir uns für die freieste Sicht auf das, was die innerste Wahrheit und die klarste Erfahrung ist.

Der Begriff des Glaubens kann mit der Zeit angesichts solcher Erfahrungen schal und unbrauchbar werden. Er geht aus von einer unüberbrückbaren Differenz zwischen der Wirklichkeitserfahrung und den jenseitigen Wahrheiten. Doch geht es dem Sucher genau darum, diese Kluft zu schließen. Wenn sie verschwunden ist, und sei es auch nur für ausgesuchte und eindeutige Momente, dann wird aus der Beliebigkeit und Vagheit des Glaubens die Gewissheit einer Erfahrung, die ihren Bezugspunkt in einer unmittelbar evidenten und hell leuchtenden Wirklichkeit hat, die immer wieder ihresgleichen sucht.

Der Sucher, der von dieser Frucht gekostet hat, wird sich nicht mit den faden und nachgesprochenen Versprechungen der Glaubensprediger zufriedengeben. Übertragene Wahrheiten sind schal und werden leicht zu vertrockneten Worthülsen. Die innere Erfahrung dagegen ist immer lebendig und präsent. Sie ist fließend und wechselt von Moment zu Moment, und das bewusste Begleiten dieser Veränderung kann die Erfahrung vertiefen und damit mehr und mehr zur inneren Mitte führen.

Übung für den Tag:

Nimm dir Zeit für dich und rekapituliere deine Glaubensgeschichte: Was war dir wichtig als Kind zu glauben? Was hat sich im Aufwachsen verändert? Wie siehst du dich als erwachsene Person in Hinblick auf den Glauben? Gibt es davon etwas, wo du merkst, dass es eigentlich nicht zu dir gehört, sondern ungeprüft übernommen wurde? Oder etwas, von dem du merkst, dass du es nicht mehr brauchst, weil deine innere Entwicklung darüber hinausgegangen ist? Vergleiche deine Glaubensinhalte mit deinen inneren Erfahrungen. Du kannst sie überprüfen, indem du dir vorstellst, bestimmte Teile deines Glaubens aufzugeben – fühlst du dich dann freier oder enger? Kommen Ängste hoch, so frage dich, was sie mit den Glaubensinhalten zu tun haben. So kannst du für dich dein aktuelles Verhältnis zum Glauben bestimmen.

Mach dir während dieses Tages immer wieder bewusst, dass du in deinem Glauben völlig frei und nur deinem inneren Wachstum verantwortlich bist. Du bist so frei, dass du dich von jedem Glauben lösen kannst, wenn du das willst und wenn du dazu bereit bist.

33. Tag: Das Tor zur Leere
Lass dich auf das Nichts ein

Du möchtest weise sein? Wirf alle Weisheit fort.

Rumi

In deinem Nichts hoff ich, das All zu finden.

Johann Wolfgang von Goethe

In unserem Streben wollen wir die Welt und auch unser Inneres mit Dingen anfüllen. Je mehr wir uns an sie binden, desto unfreier werden wir. Seien wir bereit, zu schaffen und freizugeben, immer wieder. Seien wir bereit, das Sein ins Nichts fallen zu lassen.

Dinge gelten als Garanten der Sicherheit und versprechen uns Vergnügen und Zerstreuung. Je mehr wir um uns haben, desto mehr Reizen sind wir ausgesetzt. Jeder Reiz bildet eine Verlockung und will, dass wir ihn in uns herein lassen. Wir stopfen uns voll mit Stimulantien und kommen kaum nach mit dem Verdauen. Leicht übersehen wir dabei, dass all diese Reize, die die Dinge auf uns ausüben, einen Suchtmechanismus eingebaut haben: Wir wollen noch mehr und kriegen nie genug davon. Und wenn wir zu wenig davon haben, leiden wir am Mangel.

So hängen wir am Gängelband der vielfältigen Verführungen und verlieren unsere Freiheit, die selber aussuchen will, was ihr guttut und auf alles verzichten kann, was überflüssig ist. Schnell pressen wir eine Aktivität oder ein Ding in die entstehende Lücke, und schon brauchen wir uns vor der drohenden Leere nicht mehr zu fürchten. Frei sind wir allerdings erst, wenn wir uns zwischen den Dingen immer wieder ins Nichts fallen lassen können, indem wir einfach in die Risse zwischen den schreienden Reizen eintauchen. Doch brauchen wir dazu den Mut, uns auf dieses Nichts einzulassen.

Denn das Nichts und die Leere sind rätselhafte und irritierende Begriffe, mit denen wir uns im Alltagsleben schwer tun. Alles haben wir angefüllt mit Gegenständen, und überall sehen wir welche. Selbst wenn wir nach oben schauen, ist dort auch etwas, der Himmel. Wie könnten wir auch ein Nichts sehen oder hören, was könnten wir mit einem Nichts anfangen?

Wenn wir zu „spekulieren" beginnen, wenn wir also an die Ränder unserer Vorstellungswelten gehen, ändert sich etwas: Wenn wir die Erdatmosphäre verlassen und uns in den Weltraum hinaus bewegen, gibt es über die Lichtjahre nur Leere bis zur nächsten Galaxie. Die Atome bestehen zu 99,9% aus leerem Raum. Das kann uns schummrige Gefühle bereiten – wie wir da auf unserem vergleichsweise winzigen Planeten durch den leeren Raum sausen, weit und breit sonst nichts und wieder nichts? Oder wenn wir uns die Frage stellen, wie die einfachsten Dinge, wir selbst mit eingeschlossen, existieren können, wenn sie so viel Leere enthalten?

Das sind Fragen, die uns zum Staunen bringen, aber eigentlich nur auf eine Spur in die Rätselwelt der physikalischen Berechnungsmodelle führen, ohne uns auf dem spirituellen Weg weiterzuhelfen. Der eigentliche Weg zur Befreiung beginnt bei der Verunsicherung und Irritation, die solche Spekulationen auslösen können. Diese fragenden Gefühle unterbrechen die Zyklen der Geschäftigkeit und Aktivität, die unsere Tage randvoll ausfüllen, damit ja keine Leere dazwischen auftauchen kann.

Wenn wir der Spur der Irritation folgen, lässt sie uns jenseits unserer Alltagswelt und jenseits der physikalischen Modelle suchen. Wie ist die Welt hinter der Welt unserer Erscheinungen beschaffen? Wenn es hier die Welt voller Dinge und Tätigkeiten gibt, könnte es sein, dass die Welt dahinter einfach nur leer ist?

Die erste Form, in der uns die Leere innerlich begegnet, ist die Langeweile. Sie entsteht häufig, wenn wir aus dem Getriebe des Alltags aussteigen und keine Anforderung auf uns wartet oder keine passende Unterhaltung bereit steht. Wir leiden an der Länge der Zeit, die sich vor uns ausdehnt und verzweifelt nach einer Überbrückung sucht – dorthin, wo wieder Land, sprich solide Gegenständlichkeit in Sicht ist. Jetzt gerade „weiß ich nichts mit meiner Zeit anzufangen“, und irgendwann kommt jemand, der mich aus dieser Leere erlösen wird, irgendwann wird es ein Ereignis geben, das mir einen Stoff anbietet, der die unheimliche Leere vertreibt.

Wenn nur unser Inneres da ist, wenn wir z.B. die Augen schließen und das Hören und Fühlen nach innen richten, dann finden wir zunächst da auch wieder nur Inhalte von außen, Gedanken von und über Inhalte der Welt, die durch den Kopf schwirren, von einem Ende zum anderen, Bilder, Ideen und Fantasien. Lassen wir uns aber davon nicht beirren, dann wird sich bald einmal der Denksturm legen, und Stille wird spürbar, Leere zwischen den Gedanken.

Dieses Nichts zeigt sich ohne unser Zutun, und wir erleben es als angenehm und wohltuend, sobald wir bereit sind, es anzunehmen. Es will nichts von uns, braucht nichts von uns. Es zeigt uns, dass wir da sind, und da sein können, ohne anders zu sein, als wir sind. Es sagt uns, dass alles so richtig ist, alles so gut ist, wie es ist. Denn die Leere dieses Nichts nimmt jeder Form die Strenge und Härte, weil sie den Zugang zum Jenseits der Dinglichkeit öffnet.

Welch eine Erleichterung, welch eine Befreiung: Da ist eine ganz besondere Lebenskraft, die wir nur in der Leere, in den Zwischenräumen, in der Stille finden können. Sie ist rein, weil sie keinen Inhalten, Modellen oder Programmen verpflichtet ist, sondern weil sie nur dem Weiterfließen des Lebensstroms dient.

Übung für den Tag:

Schließe die Augen und komm zu dir. Sieh dein Leben als Schaffen und Loslassen, als Aneignen und Zurückgeben, als Anhäufen und Abbauen. Nichts ist von Dauer, und alles ist in Veränderung und Entwicklung. Wie geht es dir mit der Vorstellung, dein eigenes Ich aufzugeben? Würde es dein Leben erleichtern, wenn du dich als flüchtige Erscheinung wahrnimmst, als Sandkorn am Strand, als Tropfen im Ozean oder Blinken am Sternenhimmel?

Du kannst diesen Tag hindurch immer wieder mit der Vorstellung spielen, dich selber aufzugeben, indem du dem, was in dir vorgeht, die Wichtigkeit nimmst und stattdessen mit dem Fließen des Lebens gehst.

34. Tag: Das Tor zur Demut
Gib dich dem Leben hin

Demut ist Unverwundbarkeit.

Marie von Ebner-Eschenbach

Die Demut gibt jedem, auch dem einsam Verzweifelnden, das stärkste Verhältnis zum Mitmenschen.

Franz Kafka

Demut heißt nicht, andere über sich dominieren zu lassen. Sie hat nichts mit Unterordnung zu tun. Im Gegenteil: Wirkliche Macht ruht in der Demut, eine Macht, die ihre Wurzel in der inneren Achtsamkeit hat. Wer sich in das Fließen des Lebens einordnet, wird seinen Frieden trotz aller äußeren Unruhen wahren können.

Demut ist als Wort und als Haltung nicht gerade modern. Wir verbinden es mit Unterordnung, und das klingt wie eine Beleidigung für den aufgeklärten Geist. Er opponiert sofort und sagt: Niemals werde ich mich irgendjemandem unterwerfen. Niemals werde ich eine Macht über mir anerkennen.

Wir müssen uns aus Abhängigkeiten emanzipieren, sonst können wir nicht frei sein. Da wir in so vielen Belangen unvollkommen und unfertig sind, in Entwicklung und am Wachsen, sind wir in vielfältige Machtverhältnisse verstrickt. Zunächst waren es Abhängigkeiten von den Menschen, die uns in der Kindheit das Überleben und Lernen ermöglicht haben. Im Arbeitsleben sind wir von unseren „Brotgebern" oder von Kunden und Klienten abhängig. Dazu kommen unsere inneren Abhängigkeiten, all die Gewohnheitsbedürfnisse, ohne deren Befriedigung wir scheinbar nicht glücklich sein können. Gefühle und Stimmungen können uns so stark im Griff haben, sodass wir uns völlig ihrer Macht ausgeliefert fühlen.

Ist also die Freiheit nur ein leeres Wort und die Einbindung in Machtverhältnisse die Realität? Offenbar ist ein Leben ohne Abhängigkeiten gar nicht vorstellbar, so komplex sind die Verflechtungen, in denen wir leben. Hier geht es nicht um die politischen Aufgaben, die damit zusammenhängen, ungerechte Machtstrukturen auszugleichen. Hier geht es um die verinnerlichten Abhängigkeiten, von denen wir uns ebenso dringlich befreien sollten.

Wenn wir diesen Weg gehen, gilt es, zu erkennen, wo wir Machtansprüche in unser Leben hereingelassen haben, die wir nicht brauchen. Alle anderen Abhängigkeitsstrukturen können wir in unserer Sicht als Austauschprozesse erkennen. Sicher sind wir abhängig, dass es auf dem Markt Nahrungsmittel gibt, insofern wir sie nicht selber produzieren können. Wir brauchen Menschen, die unsere Produkte und Dienstleistungen schätzen und nutzen. In all diesen Beziehungen gibt es gleichzeitig mit der Abhängigkeit eine Gleichwertigkeit, die durch die Austauschprozesse entsteht. Jedes Mitglied der Gesellschaft bringt etwas Eigenes von sich in den gemeinsamen Pool ein und nimmt daraus etwas Fremdes und Neues für sich.

Sobald wir uns als Erwachsene in irgendeiner Beziehung zu anderen Menschen innerlich abhängig fühlen, sind wir Projektionen unterworfen. Wir stillen mit unseren Abhängigkeiten eigene innere Bedürfnisse und machen uns kleiner, als wir in Wirklichkeit sind. Wir verzichten auf die Eigenmacht unseres Selbst-Seins und lassen andere über uns bestimmen. Unsere unbewusste Zustimmung zur Unterwerfung gleichen wir dann ebenso unbewusst mittels Sabotage, Manipulation oder leidender Opferhaltung aus.

Weil wir solche innere Abhängigkeiten durchschauen und auflösen können, kann es uns gelingen, nicht mehr auf Dominanzansprüche und Unterwerfungsforderungen zu reagieren, die von außen an uns herangetragen werden. Wir fühlen uns dann immer frei zu überlegen, ob es besser ist zu akzeptieren oder abzulehnen, was andere von uns fordern, verlangen oder anbieten.

In der Folge können wir auch anderen die Freiheit geben, unsere Forderungen, Ansinnen oder Angebote frei anzunehmen oder abzulehnen, wie es für sie am besten stimmt. Wir brauchen dann keine Macht mehr über sie auszuüben. Selbst wenn wir der Meinung sind, das Beste für sie zu wissen, tun wir gut daran, ihnen zu überlassen, wie sie sich frei entscheiden.

So nähern wir uns der Haltung der Demut. Sie besteht darin, sich selber nicht als Hauptverantwortlichen für das Leben anzusehen, weder in Bezug auf das, was in der Welt gut, noch auf das, was in ihr schlecht läuft. Wir tragen bei, was aus unserem Inneren kommt, so gut wir es vermögen, und trachten danach, uns und unseren Beitrag zu verbessern, wo es nötig und machbar ist. Wir nehmen genau den Platz ein, der unserer ist, ohne ihn zu vergrößern, indem wir uns beispielsweise auf ein Podest stellen, und auch ohne ihn zu verkleinern, indem wir unser Licht unter den Scheffel stellen. Wir haben die Größe, die wir haben, was unseren Körper und was unsere Fähigkeiten und Leistungen anbelangt, genau wie all die anderen Menschen auch.

Demut heißt, dass wir uns in das große Ganze eingliedern und nicht in ein kleineres. Es ist der Fluss des gesamten Lebens und des gesamten Seins, dem wir uns unterordnen und zu dem wir das Unsere beitragen, aus freien Stücken und freiem Fließen.

Demut kann man weder von sich noch von anderen verlangen. Sie ist die Haltung, die von selber kommt, wenn und wo immer das Ego Platz macht.

Übung für den Tag:

Komm zurück zu dir selber und spüre die innere Verbindung zu dir. Was bedeutet für dich Demut? In welchen Situationen könnte diese Haltung für dich sinnvoll sein – dir selbst gegenüber und anderen gegenüber? Gibt es Situationen oder Konstellationen in deinem Leben, in denen du zu viel Macht ausübst, in denen es gut wäre, einen Schritt zurückzutreten? Und gibt es andere Situationen, in denen du zu wenig Macht ausübst und wo es gut wäre, dass du dich mehr einbringst? Wie könntest du in Demut zu deiner Macht, zu deiner inneren Kraft stehen?

An diesem Tag kannst du mit dem Thema Macht und Demut spielen und experimentieren. Nimm dabei wahr, dass du auf keine Rolle festgelegt bist, sondern mit dem, was sich gerade bewegt, mitgehen kannst, indem du Deines beiträgst, sobald du die Haltung der Demut einnimmst und auf das Ausüben von Macht verzichtest.

35. Tag: Das Tor zur Klarheit
Überwinde das polare Denken

Diese absolute Einheit, die keinen Gegensatz hat, ist das absolut Größte – Gott.

Nikolaus von Kues

In der Welt des Verstandes sind die Gegensätze die treibenden Elemente. Um sie zu nutzen, ist es dienlich, zu jeder Haltung und Ansicht ihr Gegenteil in sich zu finden. Deshalb muss der Profane den Heiligen treffen, der in ihm wohnt. Und der Skeptiker sollte den spirituellen Sucher in sich finden. Im schrittweisen Prozess der inneren Einsicht wird immer klarer, dass die Gegensätze nur Schein sind.

Ähnlichkeiten und Regelmäßigkeiten sind die Charakteristika der Natur. Keine Blume gleicht der anderen, doch sind sie alle ähnlich. Kein Frühling ist wie der andere, doch kommt er jedes Jahr mit Verlässlichkeit. Es gibt in der Natur auch kein Entweder/Oder, sondern Veränderungen von einem Zustand in den nächsten. Graduell verändert sich das Wetter von Sonnenschein auf Gewitter, stufenlos gleitet der Tag in die Nacht über.

Die Gegensätze sind Charakteristika des menschlichen Denkens. Möglicherweise beruht dieses Denken auf der in den tierischen Lebewesen tief verankerten Dualität von Kampf und Flucht im Fall einer Todesbedrohung. Blitzschnell muss zwischen zwei Möglichkeiten entschieden und alle Kraft in das Gewählte gesteckt werden. Das heißt, dass das Denken in Gegensätzen von Ängsten bestimmt ist und von ihnen gesteuert wird.

Durch unser Denken jedenfalls haben wir die Möglichkeit, zu allem und jedem ein Gegenteil zu finden. Es genügt das Wort „nicht“ oder die Vorsilbe „un-“, um etwas in sein Gegenteil zu verkehren. Mit Hilfe dieses Schlüssels können wir im Denken alles her- und wieder wegdenken. Er hilft uns auch, unser Denken zu radikalisieren und damit radikalen Handlungen Vorschub zu leisten, nach dem Motto: „Willst du nicht mein Bruder sein, so schlag ich dir den Schädel ein.“ Oder: „Wer nicht für mich ist, ist gegen mich.“

Interessanterweise sind die meisten Religionsstifter und Weisen, also die Experten des Glaubens, friedliebende und freundliche Menschen, und Gewalt wird entweder vollends abgelehnt oder nur in Ausnahmefällen gestattet, bildet aber keinesfalls den Kernpunkt einer religiösen Lehre. Doch haben die Anhänger dieser Lehren unermesslich viel Blut vergossen, offensichtlich unter Missachtung der eigenen Grundsätze, die mit solchen Untaten verteidigt werden sollten.

Die Mystiker, also die Experten der Spiritualität, zeigen den Weg, wie wir aus der Neigung, unsere Glaubensrichtungen mit Feuer und Schwert zu verbreiten und abzusichern, herauskommen. Wiederum geht es um die Innenschau. Wenn wir in uns hineinschauen und unser Denken beobachten, werden wir merken, dass sich da so viel in unserem Kopf abspielt, dass wir mit Fug und Recht alles Mögliche über uns behaupten könnten – dass wir Atheisten und Gottgläubige, Materialisten und Spiritisten, Esoteriker und Pragmatiker sind und noch vieles, vieles mehr, wenn nicht überhaupt alles, was sich an Rollen in diesem Bereich tummelt.

Der friedlichste Mensch sollte in sich den Gewalttäter finden, wenn er lange genug sucht, der sparsamste den Verschwender, der wohlwollendste den Missgünstigen usw. Und wir brauchen uns vor all den Widersprüchen in uns nicht zu entsetzen, sondern können neidlos anerkennen, dass sich in unserem Kopf ein ganzes Universum befindet, genau das Universum, das wir mit allen anderen Köpfen teilen. Im Leben spielen wir nur diejenigen Teile aus, an die wir uns und unsere Umgebung gewöhnt haben, also jene Rollen, die uns leicht fallen und unserer Bequemlichkeit dienen. Wenn wir mal aus der Rolle fallen, fallen wir gleich auf. „Was, du kannst lustig sein?" „Was, du kannst ernst sein?" Da bleiben wir lieber „konsistent", berechenbar, und entsprechen den an uns gesetzten Erwartungen.

Es liegt also in unserer Natur als denkende Wesen, die wir gesteuert sind von mächtigen Gefühlsmustern, dass wir immer wieder, und besonders dann, wenn wir uns bedroht und geängstigt fühlen, Gegensätze konstruieren und zur Erklärung der Welt verwenden.

Konstruktiv können wir dieses unser Design dazu nutzen, um unser Potenzial zu erweitern und unsere Innenwelt aufzuhellen. Wenn wir einen Schattenaspekt unserer Persönlichkeit, also einen Wesenszug, der uns wenig vertraut ist und den wir gerne bei anderen Menschen ablehnen und kritisieren, in uns selber gefunden haben, fällt eine Gefahr weg, die wir in diese Möglichkeit hineinprojiziert haben. Wir sind ein Stück freier.

Sofort können wir auch anders in der Welt agieren. Wir schließen die Wirklichkeit um dieses Stück mehr ein, statt sie auszugrenzen – bis wir, im Zustand der Vollkommenheit, die ganze Welt in unserem weiten Herzen mitumfassen, mit all ihren Gegensätzen und Widersprüchen, mit all ihrer Chaotik und Ordnung.

Übung für den Tag:

Nimm Einkehr bei dir selber und schließe deine Augen. Nimm dich als Einheit wahr, als Einheit im Körper mit all seinen Teilen, als Einheit von Körper und Geist. Spür, wie dein Atem diese Einheit durchströmt. Besinne dich jetzt auf eine Auseinandersetzung oder Meinungsverschiedenheit, die du neulich mit jemandem hattest. Es kann auch eine öffentliche Meinungsäußerung sein, die dir widerstrebte. Welche Werte sind es dabei, die zu deinen Werten im Gegensatz stehen? Beginne jetzt innerlich einen Satz mit: „Auch ich …“ und vollende ihn mit einer Handlung, die aus einem Wert stammt, der deinem Wertesystem widerspricht, z.B. gefällt es dir nicht, wenn jemand geizig ist. Schau nun, was kommt, wenn du einen Satz mit „Auch ich bin geizig, wenn ….“ beginnst. Gibt es Situationen, in denen du dich entgegengesetzt zu deinen Werten verhalten hast? Darf das auch sein? Darfst du die Einheit aller Gegensätze sein? Spür wieder die Einheit von Körper und Geist, die du bist, und erkenne, wie sie alle Gegensätze in dir selber umfasst.

Achte darauf, wann und wo du Gegensätze wahrnimmst und versuche, deine eigenen dazu passenden Persönlichkeitsanteile aufzuspüren, während du durch deinen Tag gehst.

36. Tag: Das Tor zum Gleichgewicht
Finde den inneren Ausgleich zwischen Geben und Nehmen

Kein einzelner Teil konnte entstehen als in diesem Ganzen, und dieses Ganze selbst besteht nur in der Wechselwirkung der Teile.

Friedrich Schelling

Ein Prinzip dieser Welt ist die Wechselwirkung. Das kleinste Element an Freundlichkeit hat ebenso eine Wirkung wie die subtile Bosheit. Achte darauf, wie du mit deinen Mitmenschen umgehst. All die Schönheit, die in deinem Geben wie in deinem Nehmen liegt, verschönert die Welt, in der du lebst.

Das Gesetz der Reziprozität besagt, dass das, was gegeben wird, wieder zurückkommt. Die Gesamtenergie bleibt erhalten, es finden nur Umwandlungen in der Form, welche die Energie annimmt, statt. So haben wir es von den Physikern gehört: Elektronen bleiben auf Ewigkeit bestehen, nur indem sie unterschiedliche Koalitionen eingehen, verändern sich die Formen des Materiellen. Die Welt entwickelt sich also in Transformationsprozessen, die eine Form der Materie verwandelt sich in eine andere, und das Ausmaß des Ganzen bleibt immer gleich. Alles, was existiert, gibt fortwährend vom Eigenen und nimmt vom Anderen, und die Summe all dieser Aktionen und Reaktionen ändert sich dadurch niemals.

Wie verhält es sich in einem Spezialbereich dieser Welt, unter den Menschen? Wir leben auf unüberblickbar vielen Ebenen, auf denen Austausch stattfindet, vom Austausch der Atemluft über die sozialen und ökonomischen Prozesse bis zu ätherischen und feinstofflichen Bereichen. Austausch ist unser Lebenselixier. Dort, wo er frei fließen kann, geht es uns gut, dort, wo er stockt, fühlen wir uns unwohl.

Was können wir aus dem Konzept der Reziprozität für unsere Lebenspraxis gewinnen? Dazu hilft es, den Bereich des Gebens und Nehmens näher zu beleuchten. Ausgehend von dem weit verbreiteten Bild des Menschen als einzelkämpfendem Egomanen glauben wir von uns selbst, dass wir lieber nehmen als geben. Wir kennen deshalb viele Regeln, die uns das Geben erleichtern sollen: Gebe, und es wird dir gegeben. Was du willst, dass dir gegeben wird, gib zuerst selber. Geben ist seliger als Nehmen, usw. Die Befolgung dieser Regeln fällt uns ja nicht immer leicht, weil sie unserem Eigensinn entgegenstehen.

Die Erkenntnis aber, die in ihnen steckt, besagt, dass wir in jedem Moment in uns die Möglichkeit haben, den Lauf der Dinge zu verändern, in die Richtung, die dem Leben dient oder aber in jene, die ihm schadet. Wir können also jederzeit die Richtung wählen, die die Liebe mehrt oder jene, die sie schmälert und reduziert.

Wir finden immer wieder Angelpunkte in unserer eigenen Geschichte, im Grunde bietet sich jeder Moment dazu an. Angelpunkte sind solche, an denen etwas Neues beginnen will. Wenn wir diesen Neubeginn bewusst setzen, dann hören wir auf, die alten Fäden wieder und wieder weiterzuspinnen und setzen stattdessen einen Anfang: Wir geben unserem Leben eine neue Orientierung, eine, die öffnet und freier macht. Wir hören auf zu nehmen, also das Bereitstehende für unsere Zwecke zu nutzen, die ausgefahrenen Geleise zu befahren – wir springen „über unseren Schatten" und tragen etwas zum Ganzen bei.

Denn zum Schatten wird das Verbrauchte und Bequeme, an dem wir uns gerne festklammern, sobald es verflossen ist und hinter uns liegt. Folgen wir nun dem Mut, Neues auszuprobieren und damit aus der inneren Quelle der Kreativität zu geben, das Leben zu bereichern und zu verschönern, dann bewegen wir uns aus dem Schatten heraus und werden zur Sonne, zur Lichtspenderin. Was wir für das Geben zurückbekommen, spüren wir im Moment, in dem wir das Neue vollbringen: Ein einfaches, aber klares Gefühl der Freude und Befriedigung stellt sich ein. Das ist die sofortige Belohnung für unsere Freundlichkeit und Liebenswürdigkeit dem Leben gegenüber.

Das Leben gibt uns also die unmittelbare Anerkennung, sobald wir selbstlos und uneigennützig gegeben haben. Somit stellt sich das reziproke Gleichgewicht sofort ein und es bedarf keiner weiteren Gegenleistung. Der Zyklus schließt sich im Akt des Gebens und in der darauf folgenden unmittelbaren Rückmeldung des Lebens.

Wir können den Blick noch weiten: Wir tragen mit jeder Form des selbstlosen und bedingungslosen Gebens etwas Schönes zu dieser Welt bei. Wir tun nicht nur uns selber etwas Gutes damit, wir bieten auch anderen ein Beispiel. Dabei geht es nicht um ein überhebliches und moralisierendes Belehren, den anderen zu sagen, wie man es machen soll, wenn man ein guter Mensch sein will. Vielmehr: Einfach, indem wir Gutes tun und nichts weiter dazu erwarten, nehmen wir anderen Menschen die Angst und Scheu, es uns gleich zu tun. Wie von selber und aus sich heraus wächst die Schönheit der Welt und wird die menschliche Gesellschaft reicher.

Im Guten geben können wir nur, wenn wir uns selber immer auch Gutes gewähren. Die Haltung des bedingungs- und erwartungslosen Gebens hat nichts mit Aufopferung zu tun. In dem Maß, wie wir gut mit uns selber umgehen, sind wir in der Lage, gut mit anderen umzugehen.

Übung für den Tag:

Schließ deine Augen und komm zu dir. Wie nimmst du dich selber im Moment wahr? Lass weg, was dich an dir selber stört und erkenne deine Schönheit, indem du freundlich zu dir selber bist. Lächle dir zu und freue dich an dir selber. Du kannst ja gar nichts dafür, dass du etwas ganz Besonderes bist, so bist du geschaffen.

Und aus dieser deiner Besonderheit und Schönheit kannst du geben. Erkenne, was du zu dieser Welt beiträgst, und gib dir dafür die verdiente Wertschätzung. Wie könntest du und möchtest du noch mehr zur Welt beitragen? Wie fühlst du dich, wenn du dir vorstellst, dein Geben zu weiten und zu dehnen, über deine bisherigen Grenzen hinaus?

Nimm dir für diesen Tag vor, all den anderen Schönheiten, denen du begegnest, zuzulächeln. Es könnte sein, dass viel oder sogar mehr von dem, was du dabei gibst, wieder zu dir zurückkommt. Riskiere es!

37. Tag: Das Tor zur Gelassenheit
Lass alles zur rechten Zeit geschehen

Alles, was der Natur gemäß geschieht, geschieht richtig.

Epiktet

Du bedarfst nicht viel zur ewigen Seligkeit; es hilft ein einzigs Kraut, das heißt Gelassenheit.

Angelus Silesius

Alles auf der Erde geschieht genau zur richtigen Zeit, weder zu spät noch zu früh. Es ist nur der Verstand, der über das Geschehen seinen Mantel der Beurteilung ausbreitet. Er möchte die Ereignisse umreihen, manche hinzufügen und andere stillschweigend beseitigen. Doch nichts hilft, außer dass wir immer wieder die Einheit mit dem suchen, was gerade ist.

Was geschieht, geschieht genau dann, wenn es geschieht. Das klingt wie eine Tautologie. Wenn jetzt die Milch überkocht oder der Bus Verspätung hat, ist es so bestimmt und kann nicht anders sein. Natürlich könnte es – der Möglichkeit nach – anders sein, aber die Wirklichkeit gibt es in jedem Moment nur so, in dieser einzigen und einzigartigen Version, ob uns das passt oder nicht.

Wir sind es, die über die Wirklichkeit, wie sie nun einmal ist, eine Welt der Wünsche und Vorstellungen darüberstülpen. Geschieht etwas, das uns nicht in den Kram passt, wollen wir es rückgängig oder ungeschehen machen. Doch macht es keinen Sinn, die Realität anders zu wollen, als sie ist. Ich kann den Topf von der Herdplatte nehmen und die verkochte Milch aufwischen, ich kann aber nicht die Milch in den ungekochten Zustand zurückversetzen; ich kann ein anderes Verkehrsmittel nehmen oder zu Fuß gehen, aber die verlorene Zeit lässt sich nicht zurückholen.

Wenn wir die Wirklichkeit wieder vereinfachen, indem wir unsere Enttäuschungen und Frustrationen weglassen, können wir eine große Gelassenheit gewinnen: Wir nehmen alles so an, wie es ist, ob es nun in unsere eigenen Pläne und Vorstellungen passt oder nicht, ob es uns angenehm ist oder nicht. Wir brauchen nicht mit dem zu hadern, was geschieht, weil es ohnehin so geschieht, wie es geschieht. Unser Hadern ändert daran nichts, außer dass wir uns ein zusätzliches Problem schaffen – das eigentliche Problem und das Hadern darüber. Natürlich ist das Hadern auch Teil des Geschehens, und ebenso, dass irgendwann von irgendwoher die Idee kommt, dass genug gehadert wurde und es ohne Hadern auch gehen könnte und damit das Leben leichter wird.

Es braucht das Loslassen unserer Absichten, Vorstellungen und Planungen, das uns in die Lage versetzt, zu akzeptieren, was ist und wie es ist. Denn unsere Pläne und Ideen sind in dem Moment schon gegenstands- und bedeutungslos, in dem uns die Realität eines Besseren belehrt. Wir halten zwar gerne an ihnen fest und wollen uns nicht eingestehen, dass das keinen Sinn macht, doch damit hindern wir uns daran, uns auf die neue Situation einzustellen und die jetzt notwendigen Schritte zu setzen.

Wenn wir dagegen eins werden mit dem, was uns das Leben in diesem Moment bietet, kommt die Kraft und die Kreativität, um uns bei der Bewältigung der Erfordernisse der Wirklichkeit zur Seite zu stehen. Im Zuge des Meisterns der gerade aktuellen Herausforderung können wir dann auch neue Pläne schmieden und mit ihnen vertrauensvoll an die nächsten Herausforderungen herangehen.

Wir können die Idee nutzen, dass uns das Leben dort, wo es sich als schwierig darstellt, einer besonderen Prüfung aussetzt. Schaffen wir es, in die Übereinstimmung mit dem, was ist, zu kommen, oder machen wir die Situation erst richtig zu einem schwierigen Problem, indem wir unser Missfallen zwischen uns und die Wirklichkeit einschleusen?

Bis zum jetzigen Zeitpunkt unseres Lebens haben wir wohl alle Prüfungen und Herausforderungen bestanden, sonst wären wir nicht da, wo wir sind. Unser Verstand hätte wohl zu einigen Ereignissen die Meinung, wie sie hätten besser bewältigt werden können. Und manche, die ihm peinlich sind, hätte er gerne aus dem Archiv getilgt und durch andere, glänzender erledigte Leistung ersetzt. Das sind Gedankenspiele, mit denen uns der Verstand ein glattgeschliffenes und rundum poliertes Ego verschaffen möchte, eine Ich-Identität, die auf ein makelloses Leben zurückblicken kann, auf eine vorzeigbare und von allen bewunderte Erfolgsgeschichte. Damit will er die Unsicherheit und Ungewissheit, vor die uns die Zukunft stellt, bannen. Wenn wir bisher alles richtig gemacht haben, wird uns wohl hinfort nichts Störendes und Verstörendes passieren können.

Ja, wir haben alles richtig gemacht, können wir unserem Verstand erwidern. Alles ist so passiert, wie es passiert ist, manches davon zu unserer Zufriedenheit und manches nicht. Und so wird es auch in unserer Zukunft weitergehen.

Was wir ändern können: Wir können die Bewertungen weglassen und damit mit allem, was geschieht und was uns zustößt, in Frieden kommen. Das wird unser Inneres entlasten und zugleich die Energien, die wir zur Bewältigung unserer Lebensaufgaben brauchen, in größerer Fülle bereitstellen.

Übung für den Tag:

Nimm dir Zeit für dich selber. Besinne dich auf Situationen in letzter Zeit, über die du dich aufgeregt oder geärgert hast. Wenn es ein Ereignis ist, bei dem dir etwas zugestoßen ist oder etwas angetan wurde, mach dir klar, dass es geschehen ist und vorbei. Was brauchst du, um dieses Ereignis in die Vergangenheit verabschieden zu können: Einfach akzeptieren, dass es war, wie es war, einsehen, dass andere Personen nicht anders handeln konnten, als sie es taten, vergeben, was andere aus Unbewusstheit taten? Wenn es ein Vorkommnis ist, das aus deiner eigenen Unbewusstheit oder Unvollkommenheit schief gelaufen ist, mach dir wieder klar, dass es geschehen ist und vorbei. Du hast in der Situation getan, was in deinen Kräften und Einsichten stand. Hättest du es besser gewusst und vermocht, hättest du anders gehandelt. Spüre jetzt die Kraft und Klarheit, die kommt, wenn du in der Vergangenheit lassen kannst, was in die Vergangenheit gehört, und nimm beides mit in deinen Tag.

Nimm dir für diesen Tag vor, besonders auf deinen Verstand zu achten, wenn er dich in die Vergangenheit zu Ereignissen lenkt, die er nicht verarbeitet hat. Finde deine Form des Loslassens, sodass du ungestört mit deinem aktuellen Leben weitermachen kannst.

38. Tag: Das Tor zum Wandel Ändere jeden Tag dein Leben

Wenn du stirbst, bevor du stirbst, stirbst du nicht, wenn du stirbst.

Inschrift in einem orthodoxen Kloster

In jedem Moment können wir uns fragen: „Bin ich bereit, mich im Inneren zu ändern?" Tatsächlich erneuert uns jeder Moment und jeder neue Atemzug. Durch unsere Bereitschaft, in jedem Moment zu sterben, indem wir alles loslassen, an dem wir festhalten.

Ändern heißt sterben, das loslassen, was uns zur vertrauten Gewohnheit geworden ist, was uns Sicherheit gibt, von äußeren Dingen bis zu dem, was wir in uns selber über uns festhalten. Wer sind wir, und was davon kann sich ändern, und was steht unverrückbar fest, kann und darf nicht aus den Angeln gehoben werden? Was sind die Kernstücke unserer Identität? Und was würde passieren, wenn selbst diese Kernstücke sich verändern oder gar verschwinden?

Wir stoßen an die Grenze zur Leere, dort, wo alle Konzepte, durch deren Bestehen unser Leben in ein fixes Raster eingeordnet war, verloren gegangen sind. Jenseits davon wird alles leicht wie die Wolken am Himmel. Es gibt keine Koordinaten mehr, die uns als Fixpunkt ausweisen, weil der Nullpunkt zu wandern begonnen hat. So sterben wir in den Moment der Leere hinein, frei und ungebunden wie Vögel, allen Schwerkräften enthoben.

Innerlich frei sind wir erst, wenn wir bereit sind, uns dauernd ändern zu lassen, also uns ganz dem anzuvertrauen, was das Leben mit uns vorhat, ohne Widerstand, Eigensinn und Sturheit.

Doch was heißt es, den Eigensinn aufzugeben? Passen wir uns nur den Erwartungen und Prägungen an wie ein Wäschestück auf der Leine jedem Windstoß? Tun wir nur mehr das, was andere von uns wollen? Wer oder was ist dieses Leben, dem wir uns hingeben sollen? Das sind die Ängste, die gleich auftauchen, wenn wir nach der Freiheit greifen.

Das Leben ist das, was sich selbst dauernd ändert, was jeden Tag anders beginnt und Neues schafft. Was gleich bleibt, sind unsere Vorstellungen, unsere Konzepte von diesem Leben. Wir tun so, als wäre das Bett, aus dem wir am Morgen heraussteigen, das gleiche, wie das, in das wir am Abend hineingestiegen sind. Doch woher wollen wir das wissen? Was uns selber betrifft, können wir schwerlich leugnen, dass wir andere sind als die, die schlafen gegangen sind, bereichert um Träume, Erholung und Regeneration.

Sich einzuschwingen auf die Veränderungen des Lebens ist vielleicht die höchste Lebenskunst, die wir als Menschen erwerben können. Doch auf welche Welle, die uns das Leben bietet, sollen wir aufspringen, welche sollen wir vorbeirollen lassen, weil sie nicht für uns passt? Wir sind schon am Holzweg, wenn wir nach einer Regel fragen, die uns verraten soll, was zu tun und was zu lassen sei. Es gibt keine Methode, nach der uns das Leben jeweils das für uns Beste am Präsentierteller serviert. Es gibt keine Garantie, die jedes Risiko aus unserem Leben wegzaubern könnte. Wir können nur von Moment zu Moment schauen, was uns das Leben bietet und darauf achten, welche Impulse unser Inneres dazu bereitstellt, um die jeweilige Situation mitzugestalten.

Je freier wir von unseren konditionierten Begierden und von den daraus gespeisten Erwartungen und Illusionen werden, desto klarer können wir in uns selber unterscheiden: Was fühlt sich stimmig an und was lenkt uns nur ab von unserer Bestimmung? Das Leben gibt uns wieder in jedem Moment die Rückmeldung auf unsere Entscheidungen und Handlungen und stellt uns damit vor die nächste Weggabelung, die uns bekannt vorkommen kann oder noch nie dagewesen.

Nachdem dieses Leben zugleich in einem Zusammenspiel des Inneren und des Äußeren besteht, nachdem also das Leben in uns selber in jedem Moment wirkt, gibt es keine falschen Entscheidungen, keine falschen Handlungen, kein verfehltes Leben, keine Irrtümer und keine Irrwege. Unser Inneres mit seinen Bewertungs- und Entscheidungsvorgängen ist auch nur Teil der gesamten Orchestrierung und erscheint bloß unserer Kurzsichtigkeit als etwas, das nur uns gehört und das an einem anderen Ort und nach einer anderen Logik abliefe wie das Äußere. Vielmehr wirkt das Leben durch uns durch, indem es uns die Einschätzungen des Äußeren und die daraus abgeleiteten Handlungsorientierungen anbietet, also die Impulse aufbereitet, die unsere Mitwirkung an der Welt einleiten.

Bewusstheit heißt auch, dass jeder Moment den vorigen sterben lässt und nichts aus der Vergangenheit gerettet werden kann, sodass jeder Moment ein absoluter Neubeginn ist, eine neue Zeit eröffnet und einen neuen Menschen hervorbringt. Deshalb stirbt unsere Identität, sobald wir bewusst sind, in jedem Moment und wird zugleich neu geboren. Wir lernen das Sterben und lernen am Sterben, und dann kann uns der „große" Tod weder überraschen noch schrecken.

Übung für den Tag:

Schließe deine Augen und konzentriere dich auf deinen Atem. Nimm das Fließen des Atems wahr. Stell dir vor, dass du keine Kontrolle über dein Atmen hast, sondern dass es ohne dein Zutun durch dich hindurch fließt. Achte dabei darauf, wie du die Zeit wahrnimmst – was genau nimmst du als Gegenwart wahr, woran merkst du, dass etwas vergangen ist? Woher weißt du, dass es eine Zukunft gibt?

Stelle dir jetzt die Frage: Was heißt es für mich, in diesem Moment zu sterben? Wie fühlt sich das an für mich, wenn ich meine Identität ein Stück oder als ganze loslasse, indem ich an nichts mehr festhalte, was mir wichtig erscheinen möchte. Nimm Ängste wahr, wenn sie auftauchen, und lasse sie mit dem Ausatmen gehen. Kannst du die Entlastung und Befreiung wahrnehmen, die mit dem Loslassen kommt?

Nimm an diesem Tag immer wieder wahr, wie du anders mit Situationen umgehen kannst, wenn du dir vorstellst, dass du Teile deiner Identität ganz einfach loslassen kannst, wenn du willst, und dass du sie wieder zurücknehmen kannst, wenn es dir so lieber ist.

39. Tag: Das Tor zur Ganzheit
Verbinde dich mit der Fülle

In der lebendigen Natur geschieht nichts, was nicht in einer Verbindung mit dem Ganzen stehe.

Johann Wolfgang von Goethe

Was sich ändert, sind die Teile. Das Ganze bleibt immer das Gleiche. Du siehst die Veränderung nur, wenn du auf die Teile blickst. Wenn sich deine Aufmerksamkeit auf das Ganze richtet, war immer schon alles so, wie es ist. Das Ganze ist unsere Heimat. Die Veränderung ist unsere Reise.

Die Mystik liebt das Paradoxe, weil es die Konzepte des Denkens durcheinander bringt. Die Ordnung, die das Denken in die Welt bringen will, dient nur seiner eigenen Absicherung und Stabilisierung. Das Denken mit den Mitteln des Denkens auszuhebeln, ist das Wirksame vieler spiritueller Lehren. Das Denken ist es, das Gegensätze schafft, und mit den Mitteln des Denkens können diese Gegensätze wieder überwunden oder entmachtet werden. Eine Gelegenheit, innezuhalten und in die Stille und die Weite einzutauchen...

An vielen Stellen dieses Buches war von der bedingungslosen Bereitschaft zur Veränderung die Rede. Weshalb sollte es Sinn machen, dass das Ganze immer gleich bleibt, während wir selber uns dauernd verändern sollten, bzw. uns bewusst machen sollten, dass wir uns ununterbrochen verändern?

Der Aspekt der Veränderung sorgt für die Unterscheidungen. Das Leben entfaltet sich vom einen zum anderen, schafft permanent Neues und bereichert das Universum. Doch wirkt jede Unterscheidung in einer Verbundenheit. Alles Neue ist verbunden mit allem, was schon da ist, und ist wie ein Kind von dem, was gerade eben war.

Anders gesagt, können wir die Wirklichkeit auch so sehen, dass im neuen Moment alles neu ist. Die Veränderung besteht nur darin, dass die Zeit fortschreitet und immer wieder neue Momente hervorbringt. Ein Moment unterscheidet sich vom nächsten. Doch wieder greift unser Denken zu kurz – die Zeit ist also nicht ein Stakkato von aneinander gereihten Zeitpunkten, sondern etwas Fließendes, das sich im Gleichbleiben unterscheidet.

Es gibt also diese Momente in Wirklichkeit gar nicht, von denen da die Rede war. Sie dienen nur dazu, unserem Bewusstsein einen Anker zu geben, um es aus der Verwirrung des Denkens zu befreien. Der Anker fällt jedoch bei genauerem Besehen ins Leere. Es gibt keinen Gegenhalt im Fluss des Lebens. Und wir brauchen ihn nur so lange, als wir in der

Schwerfälligkeit unseres Denkens festhängen, um uns aus dieser Plumpheit herauszuhieven. Sobald wir mit der Leichtigkeit des Fließens verbunden sind, benötigen wir keine Konzepte und Erklärungen mehr.

Das Ganze ist unsere Heimat. Die Veränderung ist unsere Reise. Sie führt uns durch viele Gebiete, solche, in denen wir uns zuhause fühlen können, und andere, die uns fremd sind und bleiben. Alle diese Orte und Zeiten gehören zum Ganzen, und das Leben führt uns dorthin, damit wir es noch besser kennen lernen. Allmählich, auf unseren Reisen in den äußeren und inneren Welten, dämmert uns, dass in allen Orten und Zeiten das Gleiche steckt, dass sie nur Variationen des einen großen Themas sind. Es wird von den Mystikern oft in Bildern ausgedrückt: Wie der Tropfen im Ozean oder das Sandkorn am Strand. Wir sind die winzigen Partikel und wir sind das große Ganze, wir sind unendlich wichtig und unendlich unwichtig. Alles, was wir für uns selber, in unserem kleinen Ich, für wichtig nehmen, ist in der größeren Wirklichkeit unwichtig, alles, was wir in unserem normalen Dasein gar nicht zur Kenntnis nehmen, ist in der größeren Wirklichkeit das eigentlich Wichtige.

Im Ganzen gesehen, verringert sich im Prozess der Bewusstwerdung, den jedes Einzelwesen und die gesamte Menschheit durchläuft, das Leiden und die Angst, die eine Folge der Unbewusstheit sind. Es verringern sich die Fixierungen auf Rollen und Persönlichkeitsaspekte. Dafür wächst der Raum, den die Liebe und die Lebensfreude einnimmt. Das Ganze bleibt sich selbst gleich und verändert sich im selben Atemzug, es wächst in diesem Prozess, ohne dass es dabei wichtig wäre, ob es im Ganzen wächst oder nicht. Denn das Ganze ist unserem Zugriff entzogen, weder im Denken noch im Fühlen können wir es umfassen.

Wir können uns diese Kraft des Wachstums bewusst machen und uns auf sie einschwingen. Wir sollten sie durch uns durch wirken lassen, anders gesagt: wir brauchen nur zuzulassen, dass sie durch uns hindurch wirkt und dass wir dieses Wirken mit unseren Kräften und unserer Bewusstheit stärken.

Denn das kann unser Beitrag dazu sein, dass das menschliche Leiden verringert wird und die Kulturen, die Gesellschaften und die Räume der Liebe auf dieser Welt nicht nur in ihrem Bestand gesichert werden, sondern weiter wachsen und sich entfalten, damit sie den Menschen und der Welt mehr und mehr Segen bringen können. Darin liegt unsere edle Pflicht und darin gründet unser innerstes Bestreben. Die Stimme der Humanität, der liebevollen Mitmenschlichkeit und Mitgeschöpflichkeit, so schwach sie auf unserem Planeten noch ausgeprägt ist, sollten wir in uns immer wieder zum Klingen bringen, so, dass sie in die Welt hinauswirkt und Beispiel gibt.

Übung für den Tag:

Schließ deine Augen und spüre in dein Inneres. Weite nun den Fokus deiner Aufmerksamkeit über dich hinaus, sodass du dein Selbstgefühl auf deine Umgebung ausdehnen kannst. Vergrößere den Raum für dein Gefühl und fülle ihn damit. Lass zu, dass dein Gefühl zugleich das Gefühl des größeren Ganzen ist, in das du eingebunden bist. Spüre dabei, dass du ein wichtiger und unverzichtbarer Teil dieses Ganzen bist und dass du das Deine in diesen Raum hineingibst und von diesem Raum nimmst, was dir gegeben wird. Lasse dann die Vorstellung zu, dass du vollständig in diesem größeren Raum aufgehst und zugleich du selbst bleibst und verweile in diesem Zustand.

Hole dir an diesem Tag immer wieder für Momente dieses Gefühl des Eingebundenseins und des Aufgehens in einem größeren Ganzen zurück. Es wartet um jede Ecke, in jedem Winkel auf dich, du brauchst es nur zu dir zu nehmen, indem du deinen Atem über dein gewohntes Maß hinaus erweiterst.

40. Tag: Das Tor zur Unendlichkeit
Versinke in der unbegrenzten Liebe

Immer ist die wichtigste Stunde die gegenwärtige; immer ist der wichtigste Mensch, der dir gerade gegenübersteht; immer ist die wichtigste Tat die Liebe.

Meister Eckhart

Wenn du in Liebe bist mit dem Unendlichen, warum trauerst du über Erde, die vom Regen weggewaschen wird?

Rumi

Liebe ist präsent in dem, was ist. Sie hat keine Etiketten, keine Definitionen. Suche nicht nach irgendeiner Art der Liebe. Unterscheidungen führen nur noch zu mehr Unterscheidungen. Liebe ist das, was verbindet. Achte darauf, wie du dich mit dir selber, mit den Menschen und mit der Welt verbindest. Daran erkennst du, wie du liebst. Und daraus kannst du auch ableiten, wie du diese Liebe vermehren kannst.

Ein Leben ohne Liebe bedeutet, das Lebendige auf Dingliches zu reduzieren, auf Objekte ohne Eigenwert mit einem reinen Nutzungscharakter. Die Pflanzen, die Tiere und die Menschen: All das hätte die Aufgabe, unseren Zwecken zu dienen und dafür verbraucht zu werden. Erst recht wird allem anderen, das darüber hinaus noch existiert, also der unbelebten Natur, jeder Eigenwert abgesprochen.

Unsere Gesellschaft hat sich in Richtung Materialismus bewegt und diese Sichtweise perfektioniert. Damit hat sie die maximal mögliche Entfremdung zum Lebendigen, zu der Menschen fähig sind, hervorgebracht. Alles, was uns als Ding begegnet, ist uns fremd, weil es seiner Lebendigkeit entkleidet ist und wir nur zu etwas, das lebt, eine innere Vertrautheit und Beziehung entwickeln können.

Es ist klar, dass wir uns mit jeder Verwechslung von Lebewesen und Ding auch von uns selbst abspalten, indem wir, ohne es zu merken, uns zu einem Ding machen, das optimal zu funktionieren hat. Das Lebendige wird zum Gegenüber, dem wir, sobald es sich unseren Zwecken entgegenstellt, mit Aggression begegnen. Wir verbünden uns in dieser Sichtweise schließlich scheinbar mit dem Tod, indem wir das Leben zum Feind erklären. (Der Tod übrigens entzieht sich diesem Bündnisangebot, er lässt sich nicht instrumentalisieren, sondern meldet sich auch beim hartnäckigen Materialisten auf das Verlässlichste, wenn er die Zeit dafür als gekommen erachtet.)

Liebe dagegen ist das Einschwingen auf das Fließen des Lebens. Liebe ist, was Wachstum zulässt und fördert. Liebe gedeiht, wo die Angst eingedämmt worden ist. Sie hat so viele Gesichter, wie es Momente zum Lieben gibt. Wir sind in der Liebe, wenn wir verbunden sind, mit den Menschen, mit der Natur, mit dem, was gerade geschieht, in uns und um uns herum.

Das Feuer der Liebe ist die Leidenschaft für das Leben und für sein Wachstum. Wenn es in uns lodert, bricht aus uns heraus: Ja, wir können und wir wollen einen Unterschied machen, in dieser Welt, ja, wir können uns mehr für die Kraft des Lebens öffnen und sie bewusst unterstützen und fördern. Die Arbeit, zu der uns das Feuer aufruft, ist es vor allem, unsere Ängste zu lösen und uns damit von unseren inneren Einschränkungen und Begrenzungen zu befreien.

Das sollte zu unserer Leidenschaft werden, alles beiseite zu räumen, was uns an der Bewusstheit hindert, am Dasein im Moment, am Schwingen mit der Liebe. Wenn wir spüren, dass wir eine innere Blockade gelöst haben und wieder zurück in die Verbundenheit mit dem Leben finden, haben wir die Kraft des Feuers genutzt. Es brennt nieder, was nicht mehr gebraucht wird und im Weg steht. Es symbolisiert die Radikalität des Suchens (es geht um nicht mehr und nicht weniger als um den Weiterbestand des Lebens und der Menschlichkeit) und die Radikalität des Unterscheidens: Es gibt auf der einen Seite das Eintreten und den Einsatz für das Leben und auf der anderen Seite das Engagement nur für den eigenen Vorteil.

Die Liebe ist ein Kind der Freiheit, heißt es in einem französischen Sprichwort. Sie lässt sich nicht einsperren von den eifersüchtigen Hütern der „wahren Liebe“, sie lässt sich nicht in Besitz nehmen von den Definierern und Kleingeistern. Die Liebe sprengt alle Grenzen und überwältigt deren Wächter im Handstreich. Sie verändert ihr Antlitz in jedem Moment und zeigt sich immer wieder mit neuen Gesichtern. Sie überrascht den Sucher, wenn er sie in einer Blume am Wegrand oder in einem unscheinbaren Menschen in der Nachbarschaft findet.

Wenn wir meinen, wir müssten die göttliche Liebe finden, wie sie z.B. von Jesus Christus verkörpert wird, können wir auch dem Fehler verfallen, dass wir einem unerreichbaren Vorbild nacheifern und dabei die „weltliche“, die einfache Liebe übersehen oder geringschätzen: Die Liebe überall dort, wo Menschen andere unterstützen und ihnen dienen, überall dort, wo Freundlichkeit und Respekt, Verständnis und Toleranz geübt werden.

Selbst in wirtschaftlichen Zusammenhängen, in denen jeder Dienst als entgeltliche Leistung definiert ist, kann Liebe wirken – wenn das Tun mit einem Erkennen und Sehen verbunden ist: Auf das größere Ganze, das alles umfasst und dem letztlich alles dient.

Wir müssen also die Liebe nicht an unserer Haustüre abgeben, wenn wir auf die Straße treten, sondern können sie in unserem Herzen überall hin mitnehmen und spüren: wie wir den unbekannten Menschen auf der Straße begegnen, wie wir dem Lenker des Buses, in den wir steigen, dankbar sind; wenn wir Mitgefühl für die Mutter haben, die drei kleine Kinder in den Kindergarten bringt, mit dem alten Mann, der schlecht geht oder mit der Geschäftsfrau, die von Stress geplagt ist usw.

Das gilt auch für unsere Tätigkeiten und Berufe, mit denen wir unseren Lebensunterhalt verdienen. Wo immer und was immer wir arbeiten, wir können es mit Beiläufigkeit oder Widerwillen tun oder aber mit Bewusstheit und Offenheit für den Dienst, den wir dem Ganzen und den anderen Menschen mit unserem Tun erweisen. Dann fließt die Kraft der Liebe in Tätigkeiten, die wir häufig nur unter dem Blickpunkt von Pflicht und Zwang sehen. Wir verwandeln damit das Müssen in ein Wollen und verbinden uns auch in diesen Tätigkeiten mit dem Fluss des Lebens, statt uns gerade dort mit innerem Widerstand zu blockieren, wohin wir so viel Zeit, Energie und Anstrengung geben.

Jesus hat beispielhaft gezeigt, wem besonders unsere Liebe gelten soll: Den Sünderinnen und den Ausgegrenzten, nicht bloß denen, die wir sowieso mögen; den Feinden, die uns zuwider sind, und nicht bloß den Freunden, denen wir sowieso gewogen sind. Es werden immer wieder Menschen in unser Leben treten, die uns unsympathisch sind – als Kollegen oder Vorgesetzte, als Nachbarn oder Zeitgenossen in der Medienlandschaft. Statt diese Menschen abzuwerten, wie es unserer ersten Reaktion entspringt, die aus irgendwelchen oberflächlichen Merkmalen der anderen Person hergeleitet ist, können wir versuchen, in ihnen den tieferen Kern zu sehen – der Kern, der sie zu wertvollen und einzigartigen Menschen macht, uns selbst gleich in unserem eigenen Wert und unserer Einzigartigkeit. Wir brauchen uns nur mit dieser Perle, mit diesem Juwel verbinden, mit dem, was im Inneren jedes Menschen glitzert und funkelt, und schon wird alles, was wir ihnen in unserer Kurzsichtigkeit und Verschlossenheit vorwerfen oder an ihnen nicht mögen, nebensächlich und unbedeutend.

Wir sollen unser Mitgefühl ausdehnen über die Grenzen der Gewohnheit und der Bequemlichkeit, das ist die Botschaft der Nächstenliebe. Wir sollen unsere Ängste überwinden, die unsere Liebe klein halten. Mit jedem Funken von Mitgefühl, das uns über unseren Binnenraum hinaus ausdehnt, machen wir die Welt insgesamt größer und reicher. Dann wird sie ein Platz, an dem wir wirklich leben und uns in Frieden entfalten können. Sobald wir uns auf das Mitgefühl einlassen, das die Liebe in uns öffnet, merken wir, dass es von selbst wachsen will. Es gibt keine Grenze, die diese Expansion aufhalten kann. Sie strebt weiter und weiter, hin zum Ganzen und ist erst zufrieden, wenn sie alles umfassen kann.

Als Einzelnen kann uns das Leben nie in der Fülle gelingen, doch in der Verbindung mit den vielen anderen werden wir ein Netzwerk der Liebe um die Welt spannen. An uns liegt es nur, unseren bestmöglichen Beitrag zu geben, sodass dieses Netz feinmaschiger und dichter wird.

Dieses Formen und Üben der Ausdehnung macht das Wesen der Liebe aus. Sie durchwächst alle Grenzen in ihrer alles eindringenden betörenden Kraft und sanften Macht. Wir brauchen uns nur für sie zu öffnen. Sie spricht alle Sprachen und nur eine, die einfachste von allen. Wir verstehen sie, wenn wir uns hingeben, wenn wir also auf alles verzichten, was unsere selbstgebastelte Identität ausmacht.

In dieser Form der Hingabe verknüpfen wir das Diesseitige mit dem Jenseitigen, oder vielmehr nehmen wir diese innere Verschränkung wahr und leben in ihr, die Verschränkung, die es schon immer gab. Denn jetzt, in dieser Klarheit, ist das Jenseitige nichts anderes ist als das Diesseitige und umgekehrt.

Übung für den Tag:

Schließe deine Augen und bring deine Aufmerksamkeit zu deinem Herzen. Spüre, wie dein Herz bereit ist zu lieben und wie sich das anfühlt. Welche Qualität der Liebe kannst du in dir wahrnehmen? Worauf, auf wen richtet sich diese Liebe? Kannst du diese Liebe noch vertiefen? Lass deinen Atem voller werden und achte darauf, wie sich dein inneres Spüren verändert. Kannst du diese Liebe noch ausweiten? Lass deinen Atem weiter werden und achte darauf, wie sich dein inneres Spüren verändert. Womit oder mit wem möchtest du dich in Liebe verbinden? Wer oder was braucht mehr Liebe von dir? Willst du oder kannst du sie geben? Wie fühlt es sich an, wenn du dich über deine bisherigen Grenzen hinaus erweiterst?

Im alltäglichen Leben gibt es Dinge, die getan werden müssen, ob du sie gerne oder ungerne machst. So oft du kannst, erinnere dich daran, das, was du gerade tust, mit Liebe und Hingabe zu tun. Werde eins mit dem, was gerade deine Tätigkeit ist. Spüre dabei, was diese Einstellung an der Qualität deiner Handlungen und deines Selbstgefühls ändert.

Anerkennung

Du kannst dich jetzt anerkennen: Du hast dich mit vierzig Themen deiner Innenwelt auseinandergesetzt. Du hast vierzig Tage an dir und mit dir gearbeitet, vielleicht sogar gerungen. Du bist bewusst durch vierzig Tore, die sich vor dir geöffnet haben, geschritten. Spüre nach, welche Veränderungen du in dir wahrnehmen kannst. Mach dir klar, was du auf diesem Weg gemeistert hast und was du in deinem Inneren überwunden hast. Das ist alles ein guter Grund zum Feiern.

Aber auch wenn du das Buch Abschnitt für Abschnitt und Thema für Thema nur durchgelesen und die Übungen gestreift hast, hast du vieles mitgenommen, was dir im Leben weiterhelfen wird. Etwas pathetisch gesagt, bist du durch diese Lektüre ein neuer Mensch geworden. Worin das Neue besteht, das sich in und an dir zeigt, kannst du selber in deinem Inneren finden. Wenn du auf Rückmeldungen von Freunden und Bekannten oder von Kollegen achtest, wirst du vielleicht auch bemerken, dass dich die Beschäftigung mit dem Buch in eine gute Richtung weitergebracht und verändert hat.

Du kannst jetzt die Liste konsultieren, mit der du, wie in der Einleitung empfohlen, diese Innenreise begonnen hast. Bei welchen Punkten dieser Liste merkst du eine Veränderung? Notiere dir auch, wo du dir noch mehr Veränderung wünscht, und konkretisiere das Ziel, das du dir in dieser Hinsicht vornimmst.

Anerkenne dich auf alle Fälle für jeden Schritt, den du in deinem Inneren vollzogen hast. Die Änderungen, die in dir wirksam geworden sind, kommen nicht nur dir, sondern auch den Menschen in deiner engeren und weiteren Umgebung zugute, und vielleicht beeinflussen sie sogar einen noch größeren Zusammenhang.

Ausblick

Dein Leben geht weiter, und ich wünsche dir für den Weg, der vor dir liegt, alles Gute. Wann immer du einer schwierigen Situation begegnest oder Probleme deinen Lebenshorizont verdüstern, kannst du das Buch zur Hand nehmen und einfach aufs Geratewohl aufschlagen. Vielleicht findest du genau die Sichtweise, die dich erleichtern und befreien kann. Vielleicht öffnet sich erneut das Tor, das dir zu der Weisheit verhilft, die du gerade für diese Situation brauchst.

Die Zeit, die du mit den Texten und Übungen dieses Buches verbracht hast, war eine Zeit der Innenschau. Du hast sie für dich und deinen inneren Fortschritt verwendet. Ich hoffe, du bist auf den Geschmack gekommen und hast vom inneren Gewinn gekostet. So möchte dich ermutigen, diesen deinen Weg weiterzugehen. Regelmäßiges Üben ist dafür die beste Unterstützung. Suche dir eine Methode, die für dich passt, vielleicht ist es eine der vierzig Übungen des Buches, vielleicht auch eine andere. Indem du deinem inneren Weg einen wichtigen Stellenwert in deinem Leben gibst, wird deine Suche noch mehr Geschenke und Überraschungen für dich und dein Leben bescheren.

Quellenverweise:

The Essential Rumi. Translation by Coleman Barks.
New York: Harper 2004

Elif Shafak: Die vierzig Geheimnisse der Liebe.
Zürich/Berlin: Kein und Aber 2013

Der Autor:

Dr. Wilfried Ehrmann

Studium der Philosophie, Psychologie und Geschichte

Psychotherapeut mit den Schwerpunkten Atemarbeit, Traumaheilung und Pränataltherapie – freie Praxis in Wien

Seminar- und Ausbildungsleiter für Atemtherapie und Achtsamkeitstrainer in Wien

Ausbildungen in personenzentrierten, körperorientierten und systemischen Methoden

Ausbildung in Peakstates-Therapie

Seminarleitung und Vorträge in verschiedenen Ländern

Vielfältige und langjährige Meditationserfahrungen

Zahlreiche Fachpublikationen und Blogbeiträge zu Themen der Atemtherapie, Philosophie, Psychotherapie und Spiritualität sowie zur integralen Lebenspraxis

www.wilfried-ehrmann.com
http://wilfried-ehrmann.blogspot.com

Wilfried Ehrmann:
Vom Mut zu wachsen.
Die sieben Stufen der Integralen Heilung.
Kamphausen Verlag 2011

Auch auf Englisch erhältlich:
Consciousness in Evolution.
Tao-Verlag 2014

Wilfried Ehrmann:
Handbuch der Atemtherapie.
Theorie und Praxis des integrativen Atmens.
Param Verlag 2004